Ga...
i'r plant!

Sgyrsiau Cristnogol i blant
ar gyfer gwasanaethau
yn yr Ysgol neu'r Eglwys

gan
Norman B Thomas

Addasiad Cymraeg: Angharad Llwyd-Jones

CYHOEDDIADAU'R
GAIR

ⓑ Cyhoeddiadau'r Gair 2010

Testun: Norman B Thomas
Cyhoeddwyd yn wreiddiol yn Saesneg yn 1993 gan The Association of
Christian Teachers in Wales, o dan y teitl 'What Shall I Tell the Children'.

Addasiad Cymraeg: Angharad Llwyd-Jones
Golygydd Cyffredinol: Aled Davies

ISBN 978 1 85994 511 2

Argraffwyd yng Nghymru

Cyhoeddwyd gan:
Cyhoeddiadau'r Gair, Cyngor Ysgolion Sul Cymru,
Ael y Bryn, Chwilog, Pwllheli, Gwynedd LL53 6SH

www.ysgolsul.com

CYNNWYS

RHAGAIR

Ni chafodd dwy gyfrol fer o wersi yn seiliedig ar wrthrychau erioed y fath effaith ar athrawon ac arweinwyr ieuenctid fel ag a gafodd llyfrau Norman Thomas, *'What shall I tell the children'*. Aethant allan o brint bron iawn yn syth wedi eu cyhoeddi, a gofynnwyd yn fynych i Gymdeithas Athrawon Cristnogol Cymru pryd y byddent yn eu hailargraffu. Peth da felly, oedd bod Norman Thomas wedi cytuno i ysgrifennu deg gwers newydd yn seiliedig ar wrthrychau, ac ynghyd â Chyfrol 1 a 2, mae CACC wedi cyhoeddi cyfrol gyfunol wedi'i hadolygu.

Yr hyn a geir yn y gyfrol hon ydy syniadau i'r athro neu'r arweinydd ieuenctid i'w haddasu yn ôl yr angen ar gyfer oed a lefel dealltwriaeth eu plant/disgyblion. Bu i Chris Hess ein hatgoffa yng Nghyfrol 2 fod angen cyflwyno neges Cristnogaeth mewn modd heriol a pherthnasol i fyd seciwlar a materol.

Atgoffwyd ni gan Vernon Higham (yn rhagair Cyfrol 1) am eiriau Crist: "Gadewch i'r plant ddod ataf fi a pheidiwch â'u rhwystro, oherwydd i rai fel hwy y mae teyrnas nefoedd yn perthyn."

Gyda geiriau Crist mewn cof, mae'r awdur a'r cyhoeddwr yn cyflwyno'r gwersi hyn yn y gobaith y byddant yn cyrraedd cenhedlaeth newydd o bobl sydd â chyfrifoldeb o gyfathrebu'r efengyl i blant yr oed dan sylw.

June Miller
Ysgrifennydd CACC
Maesteg

MESUR

Cymorth Gweledol

Unrhyw rai o'r canlynol:
Clorian Cegin
Tâp Mesur
Jwg â mesuriadau arni (Ml. neu Beintiau)
Thermomedr Ystafell
Thermomedr Clinigol

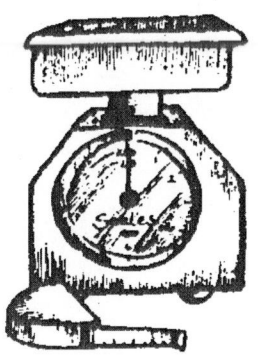

Ydych chi wedi ystyried o gwbl faint o fesur y byddwn yn ei wneud? Rydym eisiau gwybod pa mor llydan, uchel, hir a dwfn ydy pethau. Pan fyddwn yn coginio rydym yn defnyddio jwg er mwyn mesur dŵr neu lefrith. Rydym yn defnyddio clorian cegin er mwyn pwyso blawd neu ffrwythau sych. Pan fyddwn yn prynu petrol, mae'n rhaid i ni wybod sawl litr sy'n mynd i mewn i'r tanc.

Mae thermomedr yn dweud wrthym pa mor boeth ydy hi heddiw. Bydd nyrs neu ddoctor yn defnyddio math arall o thermomedr i fesur eich tymheredd.

Rydym yn mesur o hyd - ond ni allwn fesur Duw.
>Pa mor hir yw amynedd Duw?
>Pa mor ddwfn yw Ei gariad?
>Pa mor llydan yw Ei drugaredd?

"Pwy a fesurodd y dyfroedd yng nghledr ei law. A gosod terfyn y nefoedd â'i rychwant? Pwy a roes holl bridd y ddaear mewn mantol, a phwyso'r mynyddoedd mewn tafol, a'r bryniau mewn clorian?"

"I bwy, ynteu, y cyffelybwch Dduw?"
(Eseia 40:12,18a)

ADDURNO'R TŶ

Cymorth Gweledol:

Rholyn o Bapur Wal
Pâst
Llanwydd
Brwshys a Chrafwr
Pot o Baent

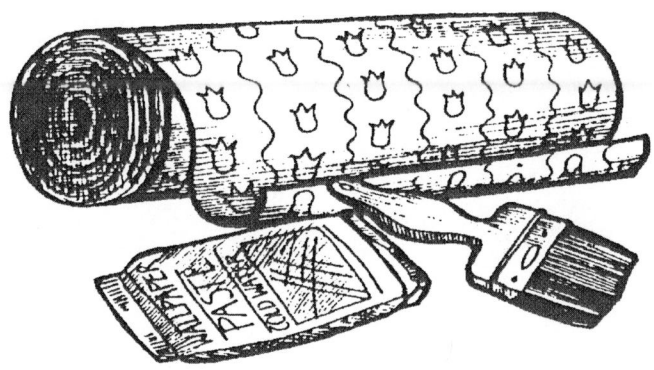

Bum yn brysur yr wythnos hon yn peintio ac addurno. Fedrwch chi ddweud wrtha i beth ddylwn i fod wedi'u gwneud gyda'r holl bethau hyn?

Mae'r ystafell yn edrych yn hardd, yn olau ac yn lân.

Ydych chi wedi meddwl erioed pa mor denau ydy haenen o baent ar goedyn?
Ydych chi wedi meddwl pa mor denau ydy'r papur ar y waliau?

Pan fyddwn ni'n addurno, dim ond rhoi gorchudd dros yr hen fyddwn ni. Byddwn yn ceisio gwneud yr un peth gyda'n bywydau ein hunain. Efallai ein bod yn ceisio gwella ein hunain, ond dim ond gorchuddio'r hen fyddwn ni.

Pan fo Duw'n gweithio o'n mewn, nid yw Ef yn cuddio'r pethau drwg. Mae'n gwaredu'r hen ffyrdd drwg ac mae Ef yn ein gwneud ni'n newydd.

"Felly, os yw rhywun yng Nghrist, y mae'n greadigaeth newydd; aeth yr hen heibio, y mae'r newydd yma."
(2 Corinthiaid 5:17)

JAC CAR

Cymorth Gweledol:

Jac Car

Faint ohonoch chi sy'n gwybod beth yw hwn?

Nid oes yr un gyrrwr yn mentro allan heb un o'r rhain.

Os caf i byncjar, ni fyddaf yn gallu codi'r car er mwyn newid yr olwyn. Mae'n llawer rhy drwm i mi. Pan rwy'n gosod y jac hwn o dan y car, gallaf ei godi'n hawdd.

Yn yr un modd, y mae Cristion yn profi nifer o anawsterau neu broblemau mewn bywyd. Gall rhai problemau fod yn ormod i'w dioddef. Fodd bynnag, mae ffydd fel y jac car - yn ein galluogi i ymdopi â'n problemau.

"Hon yw'r oruchafiaeth a orchfygodd y byd: ein ffydd ni".
(1 Ioan 5:4b)

Ond mae yna un pwynt pwysig i'w gofio ynglŷn â defnyddio'r jac - rhaid i chi ofalu eich bod yn ei osod yn y man cywir. Pan fyddwch yn tynnu'r car at ochr y ffordd er mwyn newid yr olwyn, nid oes unrhyw bwynt gosod y jac ar laswellt. Wrth i chi ddechrau troi'r handlen, byddwch yn gweld fod y car yn aros yn yr unfan a'r jac yn dechrau suddo i mewn i'r ddaear. Rhaid gosod y jac ar dir caled.

Er mwyn ymdopi â'i broblemau, mae'n rhaid i ffydd y Cristion fod ar sylfeini cadarn, sef Iesu Grist. Bydd unrhyw ffydd arall nad yw yn yr Arglwydd Iesu yn ein methu.

"Pwy yw gorchfygwr y byd ond y sawl sy'n credu mai Iesu yw Mab Duw?"
(1 Ioan 5:5)

DEFNYDDIO ATALNODAU

Cymorth Gweledol:

3 Cerdyn Gwyn

Beth yw hwn?   **?**

Pan fyddwch yn gofyn cwestiwn ar bapur, byddwch yn gosod marc cwestiwn ar ddiwedd y frawddeg.

Ydych chi'n gofyn cwestiynau?

Mae plant bach yn gofyn cwestiynau'n aml:
PAM? SUT? PRYD? ac ati. Byddwn yn gofyn cwestiynau wedi i ni dyfu i fyny hyd yn oed – cwestiynau difrifol ac anodd weithiau: Pam ydyn ni yma? Beth yw ystyr bywyd?

Beth yw hwn?   **,**

Coma ydy hwn. Saib ydyw mewn brawddeg. Bydd Duw yn gwneud i ni aros am ychydig weithiau mewn bywyd. Efallai ein bod yn wael dan salwch a byddwn yn aros i feddwl am ein bywydau ac am Dduw.

Beth yw hwn?   .

Atalnod llawn ydy hwn. Daw ar ddiwedd brawddeg. Os ydym yn byw ein bywydau heb Dduw, mae Ef am i ni STOPIO. Ni allwch fynd ymlaen fel yna mwyach. Mae Duw am i ni STOPIO a DECHRAU bywyd newydd gydag Iesu Grist.

"Ymlonyddwch, a deallwch mai myfi sydd Dduw ..."
(Salm 46:10)

CYMRYD PETHAU'N GANIATAOL

(Addas ar gyfer y Cynhaeaf)

Cymorth Gweledol:

Pecyn o Rawnfwyd Brecwast

Faint ohonoch gafodd rawnfwyd i frecwast y bore yma? Pan fyddwch yn arllwys eich creision-ŷd i'ch powlen, ydych chi wedi ystyried erioed beth yw hanes pecyn o greision-ŷd? Mae yna stori iddo!

1.   Hadodd ffermwr yr hedyn.

2.   Roedd angen i'r pridd fod yn dda.

3.   Roedd angen i'r haul ddisgleirio a'r glaw ddisgyn.

4.   Bu'n rhaid cynaeafu'r cnydau ar yr adeg cywir.

5.   Bu'n rhaid gwahanu'r plisgyn a'r mân us.

6.   Aethpwyd â'r ŷd i'r ffatri a'i brosesu, ei bacio a'i ddosbarthu i'r siopau.

Nawr, pe bai unrhyw UN o'r camau hyn ar goll, ni fyddai pecyn o greision-ŷd yn bodoli.

Beth petai'r ffermwr wedi mynd ar ei wyliau yn lle casglu'r cynhaeaf?

Pam fod yna Gristnogion yn y byd heddiw? Pam fod yna Eglwys Gristnogol? Dywed y Beibl:

1. Ganwyd Iesu Grist ym Methlehem.

2. Tyfodd i fyny gan fyw bywyd perffaith.

3. Bu farw ar groes Calfaria.

4. Atgyfododd ar y trydydd dydd.

5. Esgynnodd i'r Nefoedd.

6. Os ydym yn difaru ein pechodau ac yn credu ynddo Ef, bydd Ef yn maddau ein pechodau.

Pe bai unrhyw UN o'r rhain ar goll, ni fyddai'r fath beth â Christion – neu Eglwys Gristnogol – yn bodoli yn y byd.

"Yn wir, lleferais ac fe'i dygaf i ben,
Fe'i lluniais ac fe'i gwnaf."
(Eseia 46:11b)

MESUR AMSER

Cymorth Gweledol

Gwahanol ddarnau sy'n cadw amser
e.e. Cloc Larwm, Oriawr Amseru,
Oriawr Braich, Gwydryn Awr,
Amserydd Ŵy, Amserydd Cegin

Rydym yn gofyn yn aml, "Faint o'r gloch yw hi?" "Ydy hi'n amser codi?" "Ydy hi'n amser Ysgol?" "Ydy hi'n amser egwyl?" "Ydy hi'n amser cinio?"

Mae athletwyr eisiau gwybod faint o amser y maent yn ei gymryd i redeg pellter penodol. Maent angen gwybod yr amser i'r union ran o'r eiliad.

Amser maith yn ôl, byddai pobl yn arfer dweud yr amser drwy ddefnyddio deial haul – ond heddiw, gallwn fesur yr amser yn gywir iawn. Nid oes neb eisiau oriawr nad yw'n rhoi'r amser cywir. Gall oriawr sy'n araf eich gwneud yn hwyr. Pe byddech yn methu'r bws neu'r trên, efallai na fyddech yn cyrraedd y man yr oeddech am fynd iddo.

Mae'r Beibl yn rhoi'r amser cywir bob amser. Dywed wrthym:

"… y mae'n bryd ceisio'r Arglwydd …"
(Hosea 10:12b)

"Ceisiwch yr Arglwydd tra gellir ei gael …"
(Eseia 55:6)

Dywed y Testament Newydd wrthym ei bod hi'n amser credu yn Iesu Grist. Dywed:

"Dyma, yn awr, yr amser cymeradwy; dyma, yn awr, ddydd iachawdwriaeth."
(2 Corinthiaid 6:2b)

RHEW

Cymorth Gweledol

Hambwrdd o giwbiau rhew o'r oergell
neu fag bach polythen o giwbiau rhew
mewn fflasg thermol

Dyma rywbeth sy'n galed, oer, ac ar hyn o bryd, yn peri problemau i'r wlad gyfan. Nid yn unig y mae'n galed ac yn oer, ond mae'n gwneud i bobl ddisgyn. Mae ceir a lorïau'n llithro, a gall achosi llanast llwyr. RHEW ydyw.

Mae yna rywbeth arall hefyd sy'n rheoli'r wlad. Y gair ydy PECHOD. Mae hwnnw hefyd yn galed ac yn oer, ac wedi achosi i bobl ddisgyn ac wedi achosi llanast llwyr yng nghreadigaeth Duw.

Sut allwn ni waredu rhew? Mae dynion yn gweithio'n galed i geisio ei waredu â halen, ond os daw'r haul allan a'r tymheredd yn codi rywfaint, bydd yn toddi.

Mae'r Arglwydd Iesu fel yr haul. Gall feddalu ein calonnau oer a chaled os ydym yn edifarhau ac yn troi ato Ef.

"Hyn yw trugaredd calon ein Duw –
fe ddaw â'r wawrddydd oddi uchod
i'n plith, …"
(Luc 1:78)

JIG-SO

Cymorth Gweledol

Jig-so gydag ychydig o ddarnau mawr, Jig-so â llawer o ddarnau bach

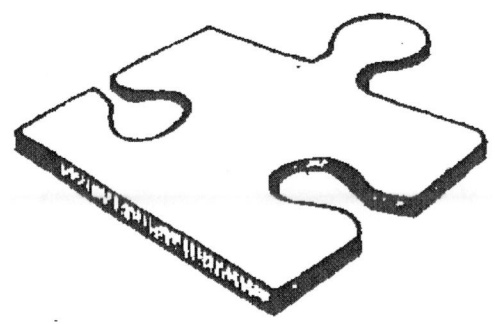

Ydych chi'n mwynhau gwneud jig-sos?

Mae plant bychain yn dysgu wrth wneud jig-sos fel hyn, sydd â 6 darn yn unig iddo. Mae nifer o oedolion yn mwynhau gwneud jig-sos hefyd, rhai â chymaint â 1,000 o ddarnau!

Lle mae dechrau? Oes yna unrhyw ffordd o roi'r darnau hyn i gyd at ei gilydd yn gywir? Gellwch ddechrau drwy ddod o hyd i'r holl ddarnau sydd ag ymylon syth iddynt er mwyn creu ochrau'r llun. Gyda'r pedair ochr wedi'u creu, gellir gweithio ar y canol wedyn.

Mae ein bywydau'n debyg iawn i hyn. Pan oeddem yn ifanc, ychydig iawn o broblemau oedd gennym ac roedd ein rhieni yno bob amser i helpu. Yn anffodus, wrth i ni dyfu i fyny, mae nifer y pethau nad ydym yn eu deall yn cynyddu'n fawr. Mae pawb yn cael dyddiau trist, yn ogystal â rhai hapus. Mae pethau'n digwydd ac ni allwn eu hegluro. Mae pethau yn ein poeni, yn codi ofn, ac yn ein gwylltio. Mae bywyd yn un jig-so mawr nad yw'n ffitio gyda'i gilydd.

Mae Duw'n cynnig ein helpu. Anfonodd Ei Fab i'r byd. Os ydym yn credu ynddo Ef ac yn ei dderbyn Ef fel ein Harweinydd a'n Gwaredwr, mae Ef gyda ni ymhob sefyllfa. Nid yw Ef yn addo y bydd ein bywydau'n haws, ond mae Ef yn addo y bydd gyda ni bob amser.

Nid yw Duw'n dangos darlun cyflawn ein bywydau i ni ond yn gofyn i ni:

"… ceisiwch ei wyneb bob amser."
(1 Cronicl 16:11b)

Addawodd Iesu i'w ddisgyblion,

"… yr wyf fi gyda chwi yn wastad hyd ddiwedd amser."
(Mathew 28:20b)

FAINT YW EICH GWERTH?

Cymorth Gweledol:

Pensel
Bocs o Fatsis
Bar Sebon
Gwydryn neu Botel o Ddŵr
Hoelen 2 fodfedd

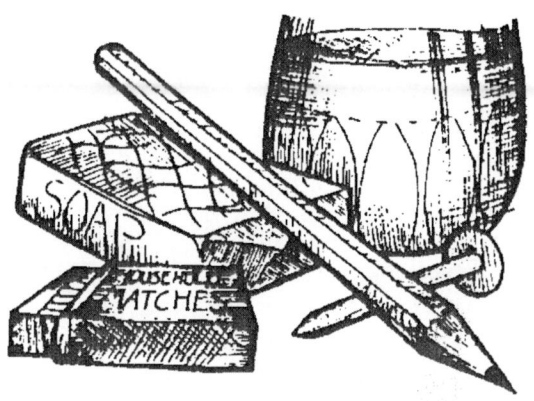

Mae'r Beibl yn ein dysgu bod Duw wedi creu dyn o lwch y ddaear. Mae ein cyrff wedi'u gwneud o'r un stwff ag a welir yn y ddaear. Mae gwyddonwyr wedi canfod bod corff dyn 70kg yn cynnwys digon o:

garbon i greu 9000 o bensiliau
ffosfforws i greu 2200 o bennau matsis
braster i greu 7 bar sebon
dŵr i lenwi baril 45 litr (10 gal)
haearn i greu un hoelen 2 fodfedd
ynghyd ag ychydig o ddeunyddiau eraill.

Pe baech yn mynd allan i brynu'r rhain, faint yn eich tyb chi y byddent yn eu costio?

Er ein bod wedi ein creu'n rhyfeddol, ychydig o bunnoedd yn unig yw gwerth ein cyrff mewn deunyddiau.

Rydym werth llawer mwy na hynny i'n rhieni! Faint yw ein gwerth i Dduw?

Dywed y Beibl wrthym fod Duw yn ein caru gymaint nes Iddo roi Ei unig Fab, Iesu Grist, i farw trosom.

Y peth mwyaf y gall person ei wneud dros rywun arall yw marw yn ei le. Dyna a wnaeth Mab Duw i bob un ohonom.

*"... a mwyach, nid myfi sy'n byw, ond Crist
sy'n byw ynof fi. A'r bywyd yr wyf yn awr yn ei fyw
yn y cnawd, ei fyw trwy ffydd yr wyf, ffydd ym Mab Duw,
yr hwn a'm carodd i ac a'i rhoes ei hun i farw trosof fi."
(Galatiaid 2:20)*

HALEN

Cymorth Gweledol

Halen craig (o labordy gwyddonol
neu hwnnw a ddefnyddir
gan ofalwyr ar gyfer llwybrau rhewllyd),
Halen bwrdd mewn seler halen

Beth yw hwn? Blaswch ef. Pam na wnaethoch ei adnabod yn y lle cyntaf? Mae'r lliw'n anghywir!

Dyma sut y mae halen yn edrych yn naturiol - yn y ddaear. Fe'i gelwir yn halen craig. Mae yna glai, craig ac amhureddau daearol eraill ynddo. Nid oes llawer o werth iddo fel hyn - oni bai ei daflu ar ffyrdd yn ystod y gaeaf. Ond gellir ei newid. Gellir ei buro.

Yn gyntaf, rhaid i'r halen craig gael ei dorri i lawr. Yna caiff ei gymysgu gyda dŵr glân, lle bydd yr halen yn toddi. Yna, gellir tynnu'r clai a'r graig ohono. Gellir tynnu'r halen yn hawdd o'r dŵr a dyma sut y bydd yn edrych wedi hynny – yn wyn ac yn fân. Erbyn hyn gellir ei ddefnyddio i:

1.   roi blas ar fwyd;
2.   cadw bwyd;
3.   iacháu.

Ceir sawl cyfeiriad at halen yn y Beibl.

Dywed Iesu wrth Ei ddilynwyr eu bod yn halen y ddaear. Mae Ef am i ni fod yn ddefnyddiol.

Ond cyn y gallwn fod o unrhyw ddefnydd i Dduw, fel halen, mae'n rhaid ein glanhau yn gyntaf. Nid oes llawer o werth i ni yn ein cyflwr naturiol. Mae'r Beibl yn galw arnom i ddod yn Gristnogion. Dim ond wrth gredu yn yr Arglwydd Iesu y gellir gwneud hynny. Dim ond Ef all ein glanhau a'n gwneud ni'n ddefnyddiol i Dduw.

"Os cyffeswn ein pechodau, y mae ef yn ffyddlon ac yn gyfiawn, ac felly fe faddeua inni ein pechodau, a'n glanhau o bob anghyfiawnder."
(1 Ioan 1:9)

DATHLU PEN-BLWYDD

Cymorth Gweledol

Cerdyn gyda rhestr o'r deuddeg mis arni a'r nifer o ddyddiau sydd ymhob mis wrth eu hochrau. Plygir y cerdyn <u>yn ei ôl</u> fel mai'r rhifau'n unig sy'n weladwy i'r plant

ION	31
CHWE	28
MAW	31
EBR	30

Faint ohonoch sy'n dda am gyfri ac adio?

Beth yw'r ateb i'r hafaliad hwn?

31 + 28 + 31 + 30 + 31 + ... = ?

Yr ateb, wrth gwrs, ydy 365. (Dangoswch ochr arall y cerdyn sy'n dangos enwau'r misoedd gyferbyn â'r nifer o ddyddiau.)

Pwy sy'n cael eu pen-blwydd ym mis Ionawr? Yn Chwefror? Mae un diwrnod o'r 365 o ddyddiau yn arbennig i bob un ohonom. Rydym wrth ein boddau'n derbyn cardiau ac anrhegion pen-blwydd ac o bosib', parti ar y diwrnod arbennig.

A fyddech yn synnu pe bawn yn dweud wrthych fod gan bob Cristion DDAU ben-blwydd? Dywedodd Iesu, pan fyddwch yn dod i gredu yn Iesu Grist, rydych yn cael eich 'ail eni'. Rydych yn dechrau o'r newydd mewn bywyd. Mae'r ail ben-blwydd hwn yn ddiwrnod hapus iawn - diwrnod sy'n newid pob diwrnod arall!

"Atebodd Iesu ef:'Yn wir, yn wir, rwy'n dweud wrthyt, oni chaiff rhywun ei eni o'r newydd ni all weld teyrnas Dduw.'"
(Ioan 3:3)

FAINT WYDDOM NI?

Cymorth Gweledol

3 bag bychan ag eitem y gellir eu hadnabod
drwy deimlo eu siâp ym mhob un,
e.e. llyfr, anifail tegan, fâs blodau bychan.

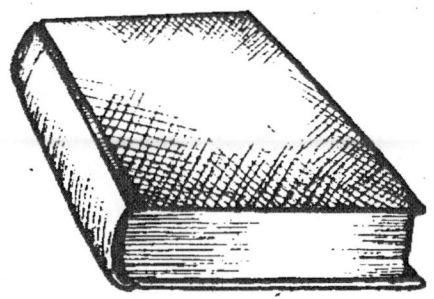

Gofynnwch i rai o'r plant deimlo'r eitemau yn y bagiau heb eu hagor.

Pan fydd rhywun yn adnabod y llyfr, eglurwch nad ydych yn gwybod dim amdano o hyd, e.e. ei deitl, yr awdur, sawl tudalen, a yw'n llyfr ffeithiol neu'n ffuglen, a oes yna luniau ynddo.

Gellir adnabod yr anifail wrth ei siâp, ond pa liw ydyw?

Hefyd, ni ellir gwybod gwerth, oed, lliw neu ddefnydd y fâs heb ei gweld.

Mae ein gwybodaeth am Dduw yn gyfyngedig iawn. Ceisiwn lunio ein barn ein hunain ynglŷn â sut un yw Duw. Efallai y gall pobl benderfynu mai Ef yw'r Meddwl mawr y tu ôl i bob dim. Neu,

mai Ef yw Crëwr y byd a'r bydysawd. Neu, mai Ef yw'r Un y mae pobl yn gweddïo arno os ydynt yn ofnus neu mewn trwbwl.

Pan ddaeth Iesu Grist i'r byd, un peth a wnaeth Ef oedd dysgu mai'r Duw arbennig hwn yw ein Tad. Trwy Ei fywyd Ef, dangosodd inni sut un oedd Duw, Ei fod yn ysbrydol, yn garedig, yn gariadus, yn gyfiawn ac yn faddeugar.

Dysgodd Iesu hefyd y gall yr ysbryd symlaf ddod i adnabod Duw. Trwy Iesu Grist yn unig y gallwn ddod i adnabod Duw, a'i adnabod fel Tad. Wrth gwrs, mae cymaint i'w wybod. Mae Cristnogion yn dysgu mwy am Dduw trwy weddïo a darllen y Beibl yn ddyddiol - ond nid ydynt yn gwybod y cyfan nes iddynt fynd i'r Nefoedd.

"Atebodd Iesu ef, 'A wyf wedi bod gyda chwi cyhyd heb i ti fy adnabod, Philip? Y mae'r sawl sydd wedi fy ngweld i wedi gweld y Tad. Sut y medri di ddweud, 'Dangos i ni y Tad'?"
(Ioan 14:9)

CAEL EI SIOMI

Cymorth Gweledol:

Hen Baentiad

Ydych chi wedi edrych am drysor cudd erioed? Cwpwrdd cudd, llwybr cudd - gallai ogof smyglwr eich arwain at ddarganfyddiad diddorol!

Un tro, roedd ffrind i mi yn meddwl ei fod wedi dod o hyd i drysor. Mewn sied yn yr ardd, daeth o hyd i baentiad â llwch a gwe pry-cop drosto i gyd. Roedd wedi gweld rhaglen hen greiriau ar y teledu ryw dro ac wedi darllen am ocsiynau lle'r oedd paentiadau fel hyn yn werth miloedd o bunnau.

Roedd wedi cyffroi gymaint wrth feddwl y gallai ei baentiad fod yn werthfawr iawn. Roedd yna graciau yn y ffrâm. Efallai, pe bai'n ei dynnu y byddai'n dod o hyd i enw arlunydd enwog. Cododd y llun yn ofalus o'i ffrâm ac yng nghornel dde'r llun gwelodd y geiriau 'ARGRAFFWYD YN LLOEGR'. Gellwch ddychmygu ei siom - roedd ei baentiad yn ddi-werth.

Wyddoch chi, mae'r Beibl yn llawn trysorau a phe baech yn mynd ati i ddod o hyd iddynt, ni fyddech yn cael eich siomi. Os ydych yn teimlo'n isel, neu'n unig, neu mewn trwbwl, ceir geiriau o gysur ynddo. Ceir addewid, os ydym yn chwilio, ein bod yn siŵr o ganfod. Y trysor mwyaf, wrth gwrs, ydy canfod y gall Iesu Grist, Mab Duw, fod yn Achubwr i ni.

"Ond ceisiwch yn gyntaf teyrnas Dduw a'i gyfiawnder ef,
a rhoir y pethau hyn i gyd yn ychwaneg i chwi."
(Mathew 6:33)

AUR

Cymorth Gweledol

Unrhyw beth o aur - modrwy, breichled ac ati.
Lwmp o byrit haearn (o labordy gwyddoniaeth yr ysgol)

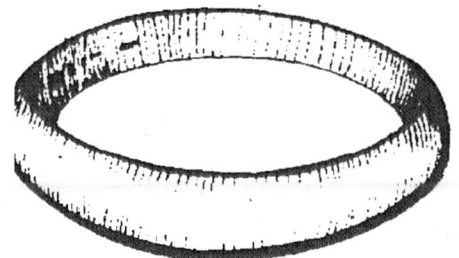

Mae Aur yn fetel gwerthfawr. Mae pobl yn hoff ohono am ei fod yn ddeniadol, yn werthfawr ac nad yw'n newid gydag amser. Dro'n ôl, roedd darnau arian yn cael eu gwneud o aur - byddai eich hen neiniau a theidiau yn defnyddio sofrenni aur.

O ble y daw Aur? Yn yr 1800au cafwyd yr hyn a elwid yn 'Gold Rush' yn America. Roedd rhywun wedi canfod bod aur yn y creigiau a rhuthrodd llawer yno yn y gobaith o wneud eu ffortiwn. Byddai dynion yn treulio wythnosau, blynyddoedd hyd yn oed, yn gweithio'n galed yn y bryniau yn ceisio dod o hyd i greigiau fel hyn a oedd yn cynnwys aur. Byddent yn ei gario wedyn i'r pentref neu'r dref agosaf i'w bwyso a'i brisio.

Dychmygwch sut fyddai unigolyn yn teimlo petaent yn dweud wrtho fod ei 'aur' yn ddi-werth. Nid aur ydy hwn; 'pyrit' ydyw ac mae'n ddi-werth. Gellwch ddychmygu'r dyn hwnnw druan, wedi iddo dyllu cyhyd, yn dadlau ei fod yn edrych fel aur, yn disgleirio

fel aur, ac yn drwm fel aur. Yn anffodus, fodd bynnag, roedd wedi'i dwyllo. Roedd yr hyn y treuliodd ei amser yn ei dyllu a'i gasglu yn *'fool's gold'* mewn gwirionedd! Nid oedd y peth go iawn ganddo.

Wyddoch chi fod nifer o bobl fel yna heddiw. Nid ydynt yn edrych am aur ond yn ceisio eu gorau i blesio Duw ac yn gobeithio cael mynd i'r Nefoedd. Maent yn honni eu bod wedi byw bywydau da, na wnaethant ddrwg i neb, wedi gwneud eu gorau erioed. Efallai eu bod wedi mynychu'r eglwys yn rheolaidd. Mae'n ofnadwy cael gwybod yn y diwedd nad oes gwerth i'r cyfan.

Dywed y Beibl wrthym, er mwyn cael y gwir aur, i gael y peth go iawn, mae'n rhaid i ni berthyn i Iesu Grist. Nid oes unrhyw werth i'n hymdrechion oni bai ei fod Ef yn ein calonnau:

"… Nid yw neb yn dod at y Tad ond trwof fi."
(Ioan 14:6)

AGOSÁU

Cymorth Gweledol

Telesgop Bychan (neu Feinociwlars)
Ffôn
Radio

Faint ohonoch sydd â diddordeb mewn seryddiaeth? Gellwch ddysgu llawer am awyr y nos gyda thelesgop syml. Mae'n gyffrous cael gweld sêr na welwyd o'r blaen, a gweld crateri ar wyneb y lleuad. Daw'r telesgop â phethau sy'n bell iawn yn llawer nes.

Drwy godi'r ffôn gallwn siarad â rhywun sydd ben arall i'r byd fel pe baent yn yr un ystafell â ni. Daw'r ffôn â nhw'n llawer nes atom.

Beth am y radio? Efallai bod ein hoff ganwr pop yn canu yn Llundain a daw ei lais drwy wifrau'r radio. Os oes gennym seinyddion radio, gallwn eistedd gartref a chlywed y gyngerdd fel pe baem yno ein hunain.

Daw'r tri pheth â phethau'n nes atom. Mewn ffordd, mae'r Beibl yn gwneud rhywbeth tebyg – daw â Duw yn agos atom. Mae

pobl yn meddwl yn aml fod Creawdwr bob dim rhywle i fyny yn yr awyr, ymhell oddi wrthym a'n bywydau dyddiol. Fodd bynnag, dysgodd Iesu ni fod Duw yn Dad inni.

"Ceisiwch yr Arglwydd tra gellir ei gael.
galwch arno tra bydd yn agos."
(Eseia 55:6)

"Nesewch at Dduw, ac fe nesâ ef atoch chwi."
(Iago 4:8)

"Yr oeddent i geisio Duw, yn y gobaith y gallent rywfodd ymbalfalu amdano a'i ddarganfod; ac eto nid yw ef nepell oddi wrth yr un ohonom."
(Actau 17:27)

A OES EI ANGEN?

Cymorth Gweledol:

Cap Both (*Hub Cap*) neu Olwyn Cylch Gloyw (*Wheel Trim*) neu unrhyw beth oddi ar gar sydd yn addurn yn unig

Weithiau, mae'n bosib y gwelwch un o'r rhain wrth ochr y ffordd. A wyddoch chi beth yw hwn? Cap Both ydyw. Nid yw'r gyrrwr yn gwybod ei fod wedi dod oddi ar un o'i olwynion ac mae'r car yn mynd yn ei flaen fel petai dim o'i le. Oherwydd, nid yw'n hanfodol i wneud i'r car redeg. Ychwanegolyn ydyw.

Mae gan lawer ddoliau bychain neu dlysau yn hongian o fewn eu ceir, neu gi tegan meddal sy'n ysgwyd ei ben wrth i'r car symud. Nid yw'r holl bethau hyn yn hanfodol ar gyfer y daith. Ni fyddech yn galw yn y garej pe bai'r ci'n stopio ysgwyd ei ben!

Faint ohonom sy'n cario pethau nad ydynt yn hanfodol gyda ni trwy ein bywydau? Rydym yn llenwi ein bywydau â phethau nad ydynt o bwys mewn gwirionedd. Wrth i ni fynd yn hŷn, mae mwy a mwy o bethau yn llenwi ein bywydau. Bryd hynny mae'n hawdd colli golwg ar y pethau pwysig.

Mae'r Beibl yn ein dysgu mai'r peth pwysicaf yw adnabod Duw.

"Ond ceisiwch yn gyntaf deyrnas Dduw a'i gyfiawnder ef, a rhoir y pethau hyn i gyd yn ychwaneg i chwi."
(Mathew 6:33)

PEDAIR LAMP

Cymorth Gweledol:

Lamp Ddiogelwch Davy
Chwythlamp
Tortsh
Beibl

Mae glowyr yn gweithio'n ddwfn o dan ddaear, lle ceir ystod eang o beryglon. Gall nwy o'r enw *'fire-damp-methane'* achosi ffrwydradau. Roedd Syr Humphrey Davy yn wyddonydd arbennig iawn ac ef a greodd lamp ddiogelwch y glôwr. Pe bai'r fflam yn newid lliw, byddai'n rhybuddio'r glôwr bod nwy'n bresennol.

Mae chwythlamp yn cael ei defnyddio gan baentwyr ac addurnwyr er mwyn llosgi hen baent cyn gosod haen newydd o baent.

Mae tortsh yn rhyw fath o lamp, a chaiff ei defnyddio ar noson dywyll er mwyn taflu golau ar lwybr o'n blaen. Mae'n ein helpu i ganfod y ffordd.

Felly, mae gennym lamp sy'n ein rhybuddio, un sy'n tynnu'r hen ac un sy'n goleuo'r llwybr o'n blaen i ni.

Mewn ffordd, mae'r Beibl yn lamp a gall wneud yr holl bethau a wna'r tair arall.

Mae'n ein rhybuddio am y pechod sy'n ein bywydau.

Mae'n disgrifio sut y mae'r efengyl yn dod â gobaith a sut y gellir newid yr hen gyda bywyd newydd yn Iesu Grist.

Gall Gair Duw ein harwain os ydym yn ei ddarllen a'i astudio'n ddyddiol.

"Y mae dy air yn llusern i'm troed, ac yn oleuni i'm llwybr."
(Salm 119:105)

PLU EIRA

(Addas ar ôl iddi fod yn bwrw eira)

Cymorth Gweledol:

Amrywiol siapiau plu eira wedi'u torri o bapur
ac wedi'u gludo ar ddarn o bapur lliw.

Ydych chi wedi gweld yr eira'n disgyn o'r awyr? Sut mae'n disgyn? Mewn talpiau mawr? Na - mewn plu bychain. Mae'n debyg bod pob pluen fechan yn wahanol. Maent yn bethau hardd iawn gyda siapiau fel hyn. Maent yn disgyn a disgyn nes bod y wlad gyfan wedi'i gorchuddio â nhw. Maent yn dod yn dawel - yn aml iawn heb i neb sylwi. Ond wedi nifer o oriau, mae'r eira'n rhwystro'r traffig, yn cau meysydd awyr ac yn creu problemau mawr ledled y wlad.

Wyddoch chi fod pechod fel yna hefyd? Rydym yn pechu ac nid ydyw i'w weld yn ddim, ac mae hyd yn oed yn bleserus ar adegau. Ond mae pob pechod yn ffordd o ddweud wrth Dduw, "Rydw i eisiau fy ffordd fy hun, nid dy ffordd di." Mae ein pechodau'n cynyddu nes bod ein bywydau cyfan wedi'u heffeithio. Mae pechod wedi creu llanastr ledled y wlad a'r byd cyfan.

Sut hoffech chi'r gwaith o glirio'r eira oddi ar yr holl strydoedd lle'r ydych chi'n byw? Mae dynion yn gweithio'n galed gyda lorïau grit a rhawiau i glirio llwybrau fel bod traffig yn gallu symud. Pan ddaw'r haul allan, fodd bynnag, mae'r eira'n dadmer, ac yn fuan iawn bydd popeth yn symud ac yn gweithio unwaith eto.

Ni allwn gael gwared â phechod o'n calonnau a'n bywydau – dim ond yr Arglwydd Iesu all wneud hynny.

"Yr ydych yn gwybod bod Crist wedi ymddangos er mwyn cymryd ymaith bechodau; ac ynddo ef nid oes pechod."
(1 Ioan 3:5)

Y BAR CÔD

Cymorth Gweledol:

Copi mawr o Far Côd
Ychydig o eitemau â bariau côd arnyn nhw

Ble welsoch chi batrwm o linellau fel hyn o'r blaen? Fe'i gelwir yn far côd.

Pan ewch chi i siopa, mae gan y mwyafrif o eitemau far côd arnyn nhw. Ni allwch chi na minnau ddarllen y côd hwn, ond wrth y man talu, bydd cyfrifiadur yn ei ddarllen mewn eiliadau. Nid yn unig mae'n adnabod yr eitem, ond mae hefyd yn datgelu ei bris. Mae'r til yn aml yn printio enw'r eitem ar eich derbynneb.

Os gall teclyn a grëwyd gan ddyn, megis cyfrifiadur, fod mor glyfar â hyn, beth am Dduw - Crëwr popeth? Gall cyfrifiadur adnabod hyn a hyn o filoedd o wahanol fariau côd, ond gall Duw adnabod pob enaid byw. Mae'n adnabod pob un ohonom wrth ein henwau. Mae'n gwybod popeth amdanom.

Mae Duw'n gwybod ein cyfrinachau. Mae'n gwybod beth yw achos ein poen. Mae'n deall pan fyddwn yn hapus neu'n drist. Mae'n gwybod am yr holl bethau na allwn eu dweud wrth unrhyw un arall.

"Nid oes dim a grëwyd yn guddiedig o'i olwg,…"
(Hebreaid 4:13)

"Arglwydd fe wyddost ti bob peth,
ac rwyt ti'n gwybod fy mod yn dy garu di."
(Ioan 21:17)

BWYD

Cymorth Gweledol:

Tun o Fwyd Ci (neu Gath)
Pecyn o Hadau Adar
Bwyd Pysgod Aur
Tun o Ffa Pob

Rydw i wedi bod yn yr archfarchnad i brynu ychydig o fwyd! Gadewch i mi ddangos beth sydd gen i. Dyma dun o ffa pob. Faint ohonoch sy'n hoffi ffa pob?

Dyma ychydig o wyau morgrug! Pwy fyddai'n hoffi'r rhain i frecwast? Ond, byddai pysgod aur wrth eu bodd â nhw.

Sawl un ohonoch chi sydd â chi (neu gath) adref? Dyma dun o fwyd y byddai eich anifail anwes yn ei fwynhau. Ac mae'r pecyn yma o hadau'n addas ar gyfer caneri neu fwji!

Mae'r rhain i gyd yn duniau neu'n becynnau bwyd - ond bwydydd sy'n addas ar gyfer gwahanol anifeiliaid. Ni allech fwydo cath â bwyd pysgod aur neu roi ffa pob i'r bwji!

Mae'n rhaid i Gristion gael bwyd ysbrydol addas, yn union fel pob anifail sydd angen ei fath arbennig ei hun o fwyd. Er mwyn tyfu, mae'n rhaid i Gristion dderbyn maeth o Air Duw. Dyma pam ei bod hi'n bwysig bod Cristion yn darllen y Beibl ac yn gweddïo'n ddyddiol.

"Fel babanod newydd eu geni, blysiwch am laeth ysbrydol pur, er mwyn ichwi drwyddo gynyddu i iachawdwriaeth,..."
(1 Pedr 2:2)

GWNEUD Y JOB EICH HUN! (D.I.Y.)

Cymorth Gweledol:

Stribyn o bapur neu gerdyn gyda'r llythrennau D.I.Y. arno
Llyfr neu Gylchgrawn D.I.Y.

Beth yw ystyr y llythrennau hyn yn Saesneg?

Ceir nifer o siopau mawrion mewn sawl tref gyda'r llythrennau D.I.Y. arnyn nhw! Yn y siopau hyn mae'n nhw'n gwerthu beth bynnag sydd ei angen arnoch i wneud amrywiol bethau o amgylch y tŷ. Yna, gellwch brynu gwahanol lyfrau neu gylchgronau i ddweud wrthych sut i wneud y gwaith. Gellwch wneud eich gwaith plymio, gwaith coed, addurno, gosod ffenestri dwbl, a hyd yn oed adeiladu eich hun. Os oes gennych y deunyddiau cywir a'ch bod yn 'gwybod sut', gellwch WNEUD Y JOB EICH HUN (D.I.Y.).

Mae yna un peth, fodd bynnag, na ellwch ei wneud eich hun: ni allwch fynd i'r Nefoedd eich hun! Mae pobl yn gwneud eu gorau i fod yn dda ac i fod yn glên ag eraill – yn y gobaith o blesio Duw. Ond nid yw'r efengyl a roddodd Duw inni yn efengyl GWNEUD EF EICH HUN.

Mae'r efengyl neu'r Newyddion Da a roddodd Duw i ni yn dweud sut y daeth Iesu Grist i'r byd i'n hachub. Bu farw trosom ar y groes. Ni allwn ennill lle yn y Nefoedd: Ef wnaeth hynny inni. Rhaid inni gredu ynddo Ef ac ymddiried ynddo Ef.

"Do, carodd Duw y byd cymaint nes iddo roi ei unig Fab,
er mwyn i bob un sy'n credu ynddo ef beidio â mynd
i ddistryw ond cael bywyd tragwyddol."
(Ioan 3:16)

EDRYCH AR LUNIAU

Cymorth Gweledol:

Camera a llun o ffrind
Albwm lluniau â thudalen llawn negatifau

Faint ohonoch chi sy'n berchen ar gamera? Byddwn wrth ein bodd yn tynnu lluniau ar ein gwyliau. Mae gennym luniau o'n ffrindiau a'r teulu er mwyn cadw cofnod o achlysuron arbennig, megis pen-blwyddi, y Nadolig, partïon. Mae rhieni'n hoffi cadw lluniau o'u plant wrth iddyn nhw dyfu i fyny. Rydym yn cadw ein lluniau mewn albwm lluniau fel hyn.

Hoffech chi weld rhai o fy lluniau i? Beth sy'n bod? Negatifau ydyn nhw! Dyma negatif o fy ffrind. Dydw i ddim yn ei adnabod bron iawn. Nawr, dyma'r llun cywir, gellwch ei weld yn glir.

Beth fedrwch chi ei ddweud wrtha i am fy ffrind i? Ydy o'n garedig, ydy o'n amyneddgar, ydy o'n gymwynasgar? Nid yw'r llun yn dweud wrthych ba fath o berson ydyw.

Wyddoch chi fod gwybodaeth llawer o bobl am Dduw fel hyn? Mae rhai'n dweud eu bod yn credu mewn rhyw fath o Greawdwr neu Feddwl Arbennig sydd y tu ôl i bopeth. Ond nid ydynt yn meddwl amdano fel person. Mae'n debyg iawn i geisio edrych ar rywbeth mewn negatif. Mae eraill yn cymryd Duw yn fwy difrifol ac mae ganddyn nhw ddarlun mwy clir yn eu meddyliau o'r hyn yw Duw. Ond, daeth Iesu Grist i ddangos inni fod y Duw hwn yn Dad inni ac y gallwn ddod i'w adnabod Ef.

Dywedodd:
"Nid yw neb yn dod at y Tad ond trwof fi …
Y mae'r sawl sydd wedi fy ngweld i wedi gweld y Tad."
(Ioan 14:6b, 9b)

GLO

Cymorth Gweledol:

Talp o Lo
Potel o Sacarin
Tabled Sebon (Sebon Côl Tar os yn bosib')
Potel o Bersawr

Disgrifiwch y talp yma o lo - caled, du, budr. O ble daeth hwn? Pwy ddaeth ag ef i fyny o'r pwll? Sut mae ei ddefnyddio?

Mae 'na rywbeth diddorol iawn am lo. Os caiff ei gynhesu - nid ei losgi - gellir ei newid i nifer o bethau defnyddiol iawn.

Gredwch chi fod modd creu sebon allan o'r peth du, budr yma? Mae'r glo sy'n eich gwneud yn fudr yn cael ei newid i rywbeth sy'n eich glanhau.

Gellir creu'r tabledi gwyn bychain hyn o lo hefyd. Sacarin yw eu henwau. Gellwch eu rhoi mewn te neu goffi gan eu bod ddeng gwaith yn felysach na siwgr.

Mae persawr sy'n cynnig arogl hyfryd hefyd yn dod o lo.

Gellir newid glo i'r holl bethau hyn – ond ni ellir byth ei newid yn ôl!

Ceir gwers bwysig yma. Mewn sawl ffordd, mae'r byd hwn yn dywyll ac yn fudr. Anfonodd Duw Ei unig Fab, Iesu Grist, i'r byd hwn er mwyn newid bywydau pobl.

Gall newid ein bywydau er gwell. Gallwn ddod yn debycach iddo Ef. Gallwn, drwy ein hymddygiad, gynorthwyo i lanhau'r byd o'n cwmpas. Gallwn ddod â melyster lle mae chwerwder. Gall bywyd Cristion fod fel persawr – yn lledaenu cariad a daioni.

Ond cofiwch, ni allwn newid fel hyn ein hunain – ni all y talp o lo newid ei hun.

"Trwy ras yr ydych wedi eich achub,
trwy ffydd. Nid eich gwaith chwi yw hyn:
rhodd Duw ydyw; ...Oherwydd ei waith ef ydym,
wedi ein creu yng Nghrist Iesu i fywyd o weithredoedd da,
bywyd y mae Duw wedi ei drefnu inni o'r dechrau."
(Effesiaid 2:8, 10)

CYNHWYSION YCHWANEGOL

Cymorth Gweledol:

Enghreifftiau gwahanol o fwyd
e.e. pecyn o greision, powdr cwstard (neu *'Angel Delight'*),
'Ovaltine', pecyn o gawl

Ydych chi wedi edrych ar becynnau neu duniau bwyd i weld beth sydd arnyn nhw? O dan y gair CYNHWYSION, ceir rhestr o'r hyn sydd yn y bwyd y byddwch yn ei fwyta.

Dywed y pecyn creision:-
Gwrthocsidyddion E320 AC E321
Cynyddydd Blas E621
Emwlsyddion E323 AC E471
ac ati.

Nid ydym yn bwyta creision tatws pur neu'n yfed sudd tomato pur. Ychwanegwyd nifer o gemegolion i gadw'r bwyd a gwella blas neu newid lliw'r bwyd. Cred y gwneuthurwyr eu bod yn gwneud y bwyd yn fwy derbyniol drwy ychwanegu ychydig o ychwanegion iddynt.

Yn y Beibl, rydym yn darllen rhywbeth y rhoddodd Duw i'r byd. Fe'i gelwir yn efengyl. Gellwch ddarllen amdano yn y Testament Newydd. Dywed, yn syml, sut yr anfonodd Duw Ei unig Fab fel baban i'r byd. Ganwyd ef ym Methlehem. Tyfodd i fyny gan fyw bywyd perffaith. Cafodd ei groeshoelio, ei gladdu a chododd unwaith eto ar y trydydd dydd. Yna, gwelodd nifer ef yn codi i'r Nefoedd. Dyma'r ffeithiau a geir yn y Beibl. Y peth arbennig yw, os ydym yn credu ynddynt, cawn fywyd - gwir fywyd tragwyddol.

Nid oes angen dim ar y rhodd yma gan Dduw i'w wneud yn fwy derbyniol. Ni allwn ychwanegu ychydig o ychwanegion i'w wella. Mae oddeutu 2000 oed ac mae pobl wedi credu ynddo ers canrifoedd.

Rhoddodd Duw efengyl pur inni - nid oes angen ychwanegion.

"Pwy bynnag sy'n credu yn y Mab, y mae bywyd tragwyddol ganddo..."
(Ioan 3:36)

BATRIS

Cymorth Gweledol:

Cyfrifiannell (neu oriawr arddwrn) â batris solar
Ychydig o fatris wedi'u defnyddio - o dortsh neu radio

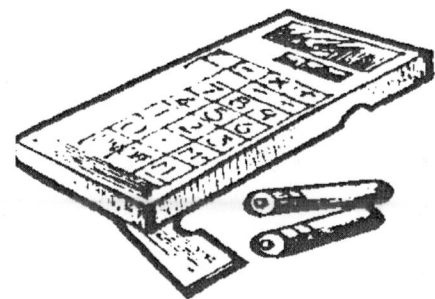

Ydych chi wedi ystyried erioed faint yr ydym yn ddibynnu ar fatris trydanol fel rhain?

Mae'r mwyafrif o glociau ac oriaorau yn cynnwys batris erbyn hyn. Ni fydd y car yn rhedeg heb fatri, ni fydd y dortsh yn disgleirio heb un, ac ni fydd y larwn tân yn ein rhybuddio heb un chwaith. Mae nifer o deganau a gemau plant yn gweithio â batris hefyd. Y broblem yw, nid yw pŵer batri yn para'n hir iawn. Faint o anrhegion Nadolig sy'n gwrthod gweithio erbyn y Flwyddyn Newydd oherwydd bod y batris wedi rhedeg yn isel? Mae'r batris hyn sydd gen i yn edrych yn newydd, ond nid oes bywyd ynddyn nhw rhagor.

Rydw i am sôn wrthych heddiw am fath arall o fatri. Mae gan y gyfrifiannell hon ffenestr fechan y tu ôl iddi a chaiff ei hadnabod fel batri solar. Wrth i olau'r haul ddisgleirio ar y ffenestr hon, mae'r batri'n newid y golau i ynni neu bŵer. Os yw'r ffenestr yn fudr neu wedi'i gorchuddio, nid yw'r golau yn ei chyrraedd.

Bydd batri solar ond yn gweithio wrth iddo dderbyn pelydrau'r haul.

Cawsom i gyd ein creu gan Dduw, ond mae'r Cristion wedi canfod cyfrinach gwir fywyd. Nid oes ganddo fatri solar ynddo, ond mae'n derbyn bywyd a phŵer gan y Mab. Nid yr haul yn yr awyr, ond Mab Duw, yr Arglwydd Iesu Grist. Wrth droi at Iesu, mae'n derbyn cymorth, cryfder a phŵer i fyw bywyd Cristnogol yn ddyddiol. Bydd darllen y Beibl a gweddïo yn ei gynorthwyo i gadw'r ffenestr yn glir.

"Yr ARGLWYDD yw fy ngoleuni a'm gwaredigaeth…"
(Salm 27:1)

"Ceisiwch yr ARGLWYDD a'i nerth,
ceisiwch ei wyneb bob amser."
(1 Cronicl 16:11)

STORI'R PASG

Cymorth Gweledol:

Ŵy Pasg
Ŵy Iâr

Mae'n debyg mai un o hoff bethau plant adeg hon y flwyddyn yw derbyn wyau Pasg. Mae pob un wedi'u haddurno'n ddeniadol iawn - fel hwn. (Efallai ei fod yn sefyll mewn bocs hardd ac wedi'i lapio mewn papur lliwgar iawn). Mae'r ŵy ei hun wedi'i wneud o siocled ac oddi mewn iddo mae yna fotymau caramel neu siocled. Nid yw'n cymryd llawer i dorri'r papur a thorri'r ŵy. O fewn munudau, dim ond papur sgleiniog wedi crychu sy'n weddill.

Mor wahanol yw ŵy'r iâr! Mae hwn yn gyffredin a phlaen iawn. Mor aneniadol. Mae'r ŵy Pasg wedi'i greu gan ddyn. Mae hwn wedi'i greu gan Dduw.

Mae'r siocled wedi diflannu o fewn dim o dro. Y peth arbennig am yr ŵy plaen yma yw y gall rhywbeth dorri allan ohono. Gall bywyd newydd, ar ffurf cyw, neidio allan ohono.

Rydyn ni gyd yn hoff o wyau Pasg, ond fel y mwyafrif o bethau a grëwyd gan ddyn - nid ydynt yn para. Mae ŵy'r iâr yn ddarlun gwell o wir ystyr y Pasg. Llawenydd bore'r Pasg oedd bod Iesu Grist wedi codi o'r bedd.

Mae'r efengyl yn ymwneud â bywyd – bywyd tragwyddol y gall pawb ei dderbyn.

(Dywed y Beibl:-)

"… cyfodwyd Crist oddi wrth y meirw mewn amlygiad o ogoniant y Tad, y byddai i ninnau gael byw ar wastad bywyd newydd." *(Rhufeiniaid 6:4)*

DILEU EIN CAMGYMERIADAU

Cymorth Gweledol:

Dwster bwrdd du, Chwalwr, Hylif cywiro

Pwy sy'n gwybod beth yw'r rhain?

Dwster bwrdd du ydy hwn - teclyn y mae athro'n ei ddefnyddio. Gellir rhwbio'r ysgrifen oddi ar y bwrdd du gyda hwn gan adael bwrdd glân sy'n barod i'w ddefnyddio eto.

Defnyddir chwalwr i ddileu unrhyw gamgymeriadau a wnawn yn ein llyfrau. Gellir gwaredu unrhyw waith a wnaed â phensil yn hawdd; bydd inc yn fwy anodd!

Heddiw, gellir prynu poteli bychain o hylif sy'n gorchuddio camgymeriadau, ac yna, gellir ysgrifennu drosto unwaith eto.

Os oes gennych recordydd tâp neu fidio, gellir dileu unrhyw beth nad ydych ei angen mwyach drwy recordio drosto.

Ydy hi'n hawdd gwaredu neu ddileu pethau bob amser? Beth am air cas a ddywedoch wrth rywun? Beth os ydych wedi gwneud rhywbeth ac yn sylweddoli bellach ei fod yn anghywir? Beth os ydych eisiau dechrau eto neu 'troi dalen newydd'? Ni allwch ddileu'r pethau drwg a ddywedoch neu a wnaethoch.

Pan fyddwn yn gwneud yn anghywir, mae'r Beibl yn ei alw'n bechod. Mae pawb yn y byd wedi pechu. Yr un a gaiff ei frifo fwyaf gan bechod yw Duw.

Sut mae cael gwared â'n pechodau? Allwn ni ddim!

Ni all unrhyw ddwster bwrdd du, chwalwr na hylif cywiro ddileu'r drwg a wnaethom.

Mae Duw wedi darparu ei ffordd ei hun o ddelio â phechod. Newyddion da'r efengyl yw bod Iesu Grist wedi dod i'r byd i waredu a golchi ein pechodau i ffwrdd.

"... oherwydd maddeuaf iddynt eu drygioni,
ac ni chofiaf eu pechodau byth mwy."
(Jeremeia 31:34)

TYWOD

Cymorth Gweledol:

Bag polythen neu fwced plentyn â thywod ynddo

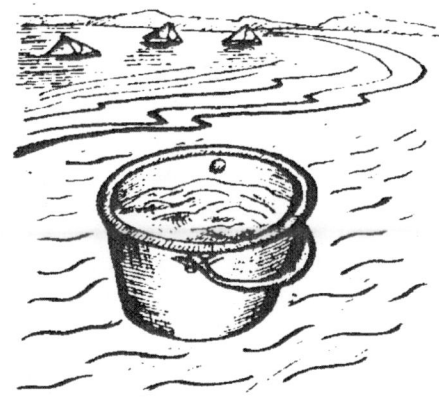

Yn ystod gwyliau'r haf mae'r rhan fwyaf o blant wrth eu boddau yn cael ymweld â glan y môr. Y mannau mwyaf poblogaidd yw'r rhai hynny a chanddyn nhw draethau hardd. Mae tywod yn atyniad mawr. Mae'n siŵr eich bod wedi gwneud cestyll tywod, wedi creu ffosydd er mwyn i'r môr eu llenwi – neu dorheulo ar y tywod.

Er ei fod yn hwyl chwarae â thywod, rhaid bod yn ofalus. Mae tywod yn mynd i mewn i bopeth. Yn fuan, gwelwch ei fod yn eich gwallt, rhwng bodiau'ch traed a gall chwythu i'ch llygaid yn hawdd. Does dim yn waeth na chanfod tywod yn eich brechdanau. Pe bai tywod yn mynd i mewn i'ch camera neu'ch oriawr, gallai eu difetha.

Mae'r Beibl yn ein dysgu bod pechod yr un fath. Mae pobl yn meddwl ei fod yn ddeniadol iawn. Mae'n nhw'n chwarae ag ef am ei fod i'w weld yn ddiniwed. Yn fuan, fodd bynnag, bydd wedi lledu i bob rhan o'u bywydau. Mae yn eu cegau ac yn effeithio ar y ffordd y maen nhw'n siarad. Mae yn eu llygaid ac yn effeithio ar y pethau y maen nhw'n mwynhau edrych arnynt. Mae yn eu meddyliau ac yn effeithio ar sut y mae'n nhw'n meddwl.

Yr unig ffordd o gael tywod oddi ar eich corff ydy drwy ei olchi i ffwrdd. Gellir golchi tywod i ffwrdd yn hawdd, ond ni ellir golchi ein meddyliau neu weithredoedd drwg i ffwrdd. Dim ond Duw all wneud hynny. Sylweddolodd Brenin Dafydd ei fod yn llawn pechod a dywedodd:

"… golch fi fel y byddaf wynnach nag eira."
(Salm 51:7)

COFIO

(Gellid ei ddefnyddio ar Sul y Cofio)

Cymorth Gweledol:

Hances â chwlwm ynddi
Rhestr Siopa
Llyfr ffôn neu gyfeiriadau
Llyfr Pen-blwyddi
Pabi

Faint ohonoch chi sydd ag atgofion da? Gadewch i ni gael gweld!
Sawl un ohonoch sy'n cofio Tabl 6?
Sawl un ohonoch sy'n cofio pwy enillodd Cwpan yr F.A. y llynedd?
Sawl un ohonoch sy'n cofio beth oeddech chi'n ei wneud yr adeg yma'r wythnos ddiwethaf? Llynedd?
Sawl un ohonoch sy'n cofio enw pum llyfr cyntaf y Beibl?
Mae yna gymaint o bethau sydd angen eu cofio bob dydd!

Mae rhai pobl yn rhoi cwlwm yn eu hances er mwyn atgoffa eu hunain i wneud rhywbeth.

Mae'n siŵr bod eich mam yn gwneud rhestr siopa cyn iddi fynd i'r archfarchnad.

Gartref, byddwn yn cadw llyfr fel hyn sy'n ein cynorthwyo i gofio rhifau ffôn a chyfeiriadau ein ffrindiau.

Ydych chi'n cofio pryd mae pen-blwyddi eich ewyrth, modrybedd, cefndryd a'ch ffrindiau? Gall llyfr pen-blwyddi eich helpu!

(Heddiw rydym yn cofio'r gwŷr a'r gwragedd a roddodd eu bywydau mewn dau Ryfel Byd. Rydym yn gwisgo pabi i ddangos ein bod yn eu cofio).

Mae Duw wedi rhoi atgofion i ni: hynny yw, mae Ef wedi rhoi'r pŵer inni gofio pethau. Mae yna restr o bethau i ni eu cofio yn y Beibl. Dyma rai ohonyn nhw:

"Cofia dy greawdwr"
(Diarhebion12:1)

"Cofiwch y rhyfeddodau a wnaeth…"
(1 Cronicl 16:12)

"Cofia'r dydd Saboth …"
(Exodus 20:8)

Rydym yn cynnal Gwasanaeth y Cymun yn yr eglwys, lle byddwn yn bwyta bara ac yn yfed gwin i gofio bod Iesu Grist wedi rhoi ei fywyd drosom. Cyn Iddo fynd i Galfaria i farw ar y groes, bwytaodd Ef y Swper Olaf gyda'i ddisgyblion a dywedodd:

"Gwnewch hyn er cof amdanaf."
(1 Corinthiaid 11:24)

PA FFORDD AF I?

Cymorth Gweledol:

Map
Cwmpawd

Faint ohonoch chi sy'n mwynhau chwaraeon? A ydych chi'n gwybod beth yw'r chwaraeon a enwir yn CYFEIRIADU?

Rydych yn cael map a chwmpawd ac mae'n rhaid i chi ganfod eich ffordd ar gwrs arbennig, gan alw mewn gwahanol fannau.

Wrth ddarllen map, mae yna ddau beth sydd angen i chi wybod:

1.	Lle'r ydych chi ar hyn o bryd;
2.	Lle'r ydych chi'n mynd.

Yn y rhan fwyaf o drefi a phentrefi fe welwch chi fapiau wedi'u gosod mewn byrddau arddangos gwydr mewn gorsafoedd bysiau a threnau. Cyn i chi allu canfod lle yr ydych am fynd, mae'n rhaid i chi ganfod sgwâr bychan sy'n dweud, "Rydych yma".

Mae'n rhaid i chi wybod lle'r ydych yn sefyll cyn dechrau ar lwybr cywir.

Ar hyn o bryd rydych chi yn yr ysgol ac efallai eich bod wedi penderfynu eisoes beth yr ydych am ei wneud pan fyddwch yn hŷn. Bydd eich rhieni a'ch athrawon yn dweud wrthych beth sydd angen i chi ei wneud. Mae yna bynciau i'w dysgu, arholiadau i'w pasio er mwyn cael y cymwysterau cywir. Rydych yma yn awr, a dyma'r llwybr sydd angen i chi ei ddilyn.

Mae'r Beibl yn ein dysgu yn yr un modd. Os ydych am fynd i'r Nefoedd, mae angen i chi sylweddoli yn gyntaf lle'r ydych chi'n sefyll ar hyn o bryd. Does neb yn haeddu mynd i'r Nefoedd. Mae Gair Duw yn dweud wrthym fod pawb yn bechadurus. (Rhufeiniaid 3:23). O ran darllen map, ni allwn ddechrau nes ein bod yn gwybod lle'r ydyn ni.

Ar fap, gall fod nifer o lwybrau i ni eu dilyn, ond er mwyn mynd i'r Nefoedd, dim ond UN ffordd sydd.

Dywed Iesu Grist yn Efengyl Ioan:

"Myfi yw'r ffordd a'r gwirionedd a'r bywyd.
Nid yw neb yn dod at y Tad ond trwof fi."
(Ioan 14:6)

AER

Cymorth Gweledol:

Pwmp Beic
Chwiban
Organ Geg
Ffan

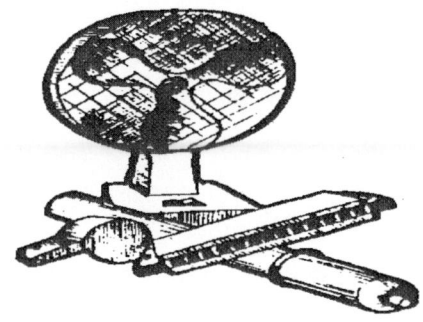

Tybed all rywun ddweud wrtha i beth sy'n gyffredin rhwng y pethau hyn? Mae yna rywbeth sy'n eu cysylltu nhw i gyd. Ie, mae angen aer ar bob un ohonyn nhw i weithio.

Ble mae'r aer? Mae aer o'n cwmpas ni i gyd – ym mhob man! Ni allwn ei weld – ond weithiau gallwn ei deimlo. (Defnyddiwch y ffan neu'r pwmp).

Faint mae e'n ei gostio? Dim, mae aer am ddim!

Y peth pwysicaf am aer ydy, hebddo, ni allwn fyw. Rhaid inni gael aer i anadlu - hebddo byddem yn marw.

Wyddoch chi fod cariad Duw fel yna?

Ni allwn ei weld, er y gallwn ei deimlo'n aml. Mae Ef yn ei gynnig yn rhad ac am ddim.

Nid oes rhaid inni wneud unrhyw beth i'w haeddu ef ac yn sicr ni allwn ei brynu.

Ni allwn fyw hebddo!

Trwy Ei gariad, mae Duw'n cynnig iachawdwriaeth yn rhad ac am ddim inni: hynny yw, mae Ef yn maddau popeth drwg a wnaethom erioed, os ydym yn credu yn Ei Fab, yr Arglwydd Iesu Grist. Mae'n addo bywyd tragwyddol inni – ac, fel yr aer a anadlwn, mae'n rhad ac am ddim.

"… rhodd Duw ydyw."
(Effesiaid 2:8)

PŴER

Cymorth Gweledol:

Talp o Lo
Can Petrol Galwyn (4.5 litr)
Bocs Matsis

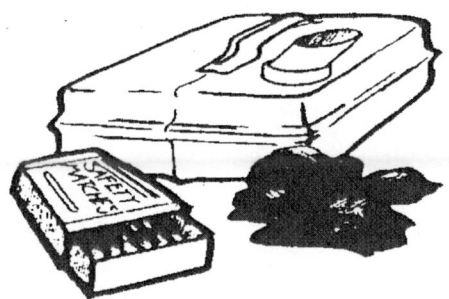

Faint o egni sydd gennych y bore yma? Mae angen egni a nerth arnoch i gerdded, rhedeg, chwarae gemau a gwneud ymarfer corff yn yr ysgol.

Ni fyddem yn gallu parhau heb fwyd a diod, sy'n rhoi'r egni a'r nerth yr ydym ei angen bob dydd.

Talp o lo yw hwn. Mae'n anodd credu, ond mae'r telpyn du hwn yn llawn ynni. Wrth gwrs, nid yw'n neidio o gwmpas neu'n rhedeg! Ond mae'n bosib eich bod wedi gweld sawl injan stêm yn tynnu llwythau trymion ar hyd trac trên - mae eu holl bŵer yn dod o lo.

Yn yr un modd, mae car angen petrol i roi pŵer iddo i symud. Gallai'r petrol yn y can hwn wneud i gar deithio 30 neu 40 milltir.

Y dyddiau hyn, clywn am wahanol fathau o ynni; sef ynni niwclear. Cefais wybod bod bocs matsis yn llawn wraniwm yn cynnwys cymaint o ynni ag y mae pum tunnell o lo. Mae'r ynni sydd wedi'i grynhoi i focs mor fychan yn anhygoel.

Yma yn y Beibl; Gair Duw ydyw. Wyddoch chi fod y llyfr hwn hefyd yn llawn pŵer?
Mae ganddo'r pŵer i newid bywydau pobl. Pŵer Duw yw'r efengyl.

Rhoddwyd cymaint o bŵer i Gristnogion yr Eglwys gynnar nes iddynt, mae'n debyg, droi'r byd ben i'w waered!

"oherwydd nid ar air yn unig y daeth atoch yr Efengyl yr ydym ni yn ei phregethu, ond mewn nerth hefyd,…"
(1 Thesaloniaid 1:5)

GEIRIAU SY'N ANODD EU DWEUD

Cymhorthyn Gweledol:

Darnau hir o bapur wedi'u rholio
gyda geiriau hir wedi'u hysgrifennu arnynt
(T.T.Y. – yn cymryd llai o amser i baratoi
ond mae'n llai effeithiol)

Faint ohonoch chi sy'n ddarllenwyr da? Rydw i am eich profi chi heddiw gyda thri gair sy'n anodd eu dweud.

Dyma'r cyntaf. Dyna air anodd!

'cydgyfranogiad'

Mae'n siŵr y bydd angen ymarfer arnoch i'w gael yn gywir.

Beth am un arall anodd?

Llanfairpwllgwyngyllgogerychwyrndrobwyllllantysiliogogogoch

Sawl llythyren? 51 – gair hir iawn sy'n cymryd amser maith i'w ddysgu'n gywir.

Gredwch chi fod yna air arall y mae pobl yn ei chael hi'n anodd iawn ei ddweud? Dyma fo:

SORI

Dim ond pedair llythyren – ond rwy'n siŵr eich bod wedi gwneud rhywbeth drwg neu wedi dweud rhywbeth cas ryw dro a rhywun wedi gofyn,

"Fedri di ddim dweud, 'SORI'?"

Yn anffodus, yn aml iawn, byddai'n well gennym wneud unrhyw beth ond dweud, "SORI".

Mae pawb, yn ôl y Beibl, wedi gwneud drwg ryw dro. Mae pawb wedi pechu. Mae Duw'n ysbrydol a chyn y gallwn ddod yn Gristnogion mae'n rhaid i ni gyfaddef ein bod wedi gwneud drwg. Dywed y Beibl wrth bawb i edifarhau - hynny yw, i fod yn sori.

Bydd unrhyw un a ddywed wrth Dduw yn onest ei fod yn sori, yn derbyn maddeuant. Hwn yw'r cam cyntaf yn y bywyd Cristnogol.

"Os cyffeswn ein pechodau, y mae ef yn ffyddlon
ac yn gyfiawn, ac felly fe faddeua inni ein pechodau..."
(1 Ioan 1:9)

COLLI PETHAU

Cymorth Gweledol:

Bocs Cardbord wedi'i labelu 'Eiddo Coll', sy'n cynnwys yr eitemau canlynol:

Pensil

Sgarff

Maneg

Tei Ysgol

Côt Law

(Gosodwch y bocs fel bod y label 'Eiddo Coll' yn wynebu'r athro - ac fel nad yw'n amlwg i'r plant. Daliwch yr eitemau i fyny, un ar y tro, gan ofyn i'r plant beth sy'n gyffredin rhwng yr eitemau. Mae'n nhw i gyd yn eitemau coll. Trowch y bocs i ddatgelu'r label 'Eiddo Coll').

Ar un adeg roedden nhw i gyd yn eiddo i rywun, ond rhywsut, cawsant eu gwahanu oddi wrth eu perchnogion. Cânt eu cadw yn y bocs yma yn y gobaith y daw'r perchnogion i ofyn amdanynt ryw ddydd. Mae nifer o ysgolion yn cynnal 'Diwrnod Eiddo Coll' ar ddiwedd tymor, pan gaiff yr holl eitemau eu harddangos a gofynnir i'r plant edrych â ydynt yn adnabod unrhyw beth a fu'n eiddo iddyn nhw.

Rydym yn darllen straeon yn y Beibl am eiddo coll. Adroddodd yr Arglwydd Iesu Grist am yr arian coll, y ddafad golledig a'r mab afradlon.

Mae'r holl bethau hyn yn y bocs oherwydd i'r ferch neu'r bachgen fod yn esgeulus. Yn ôl y Beibl, mae pobl ar goll, nid oherwydd esgeulustod Duw, ond oherwydd ein drwgweithredoedd - ein pechodau. Mae newyddion da'r efengyl yn dweud wrthym sut y gallwn gael ein canfod eto neu ein hadennill gan Dduw. Fodd bynnag, ond Duw'n dweud, "Mae ef neu hi yn eiddo i mi" ydyw. Mae gennym ran i'w chwarae. Yn gyntaf, rhaid i ni gydnabod ein bod ar goll.

Dywedodd Iesu Grist ei fod Ef wedi dod i'r byd i ganfod ac achub pobl (Luc 19:10). Duw yw ein crëwr a chawsom ein gwahanu oddi wrtho Ef. Sut y daw Ef o hyd i ni eto? Dywedodd Iesu:

"...Nid yw neb yn dod at y Tad ond trwof fi."
(Ioan 14:6)

TEITHIO'N YSGAFN

(Addas ar gyfer cyfnod y gwyliau)

Cymorth Gweledol:

Unrhyw eitemau bychain sy'n hawdd eu pacio:
Cloc larwm teithio
Radio bychan
Côt law y gellir ei phlygu'n fychan iawn
Set fechan o sebon, brwsh dannedd a phast dannedd

Un peth sy'n ddiflas am fynd i ffwrdd ar wyliau ydy'r pacio! Yn aml iawn byddwn yn ceisio mynd â chymaint gyda ni fel nad yw ein cesys a'n bagiau'n cau! Mae'n nhw mor drwm mae'n anodd iawn eu codi. Mae'n llawer gwell os ydyn ni'n medru ymdopi gydag eitemau bychain fel hyn.

Cawn wyliau fel rheol unwaith neu ddwywaith y flwyddyn, ond mewn gwirionedd, rydym yn cario gormod trwy gydol ein bywydau. Mae oedolion yn gorlenwi eu bywydau gyda chymaint o bethau - a byddwch chithau'n gwneud yr un peth pan fyddwch chi'n hŷn. Mae gennym geir, sawl set deledu, fidios a pheiriannau golchi dillad. Mae ein tai yn llawn. Rydym yn llenwi'r garej a'r atig â phethau hefyd. Pan fyddwn yn symud tŷ, ni allwn gredu faint o bethau sydd wedi'u casglu ar hyd y blynyddoedd. Dywed pobl eu bod angen y pethau hyn. Beth fyddech chi'n gallu ymdopi hebddo?

Y peth pwysicaf oll ydy cario Gair Duw yn eich calonnau. Dim ond o Air Duw y gall person ddysgu sut i deithio trwy fywyd. Mae'r Beibl yn dysgu mai Iesu yw'r Ffordd. Cael ei adnabod yw'r eiddo gorau posib'. Mae llawer o'r pethau a gariwn gyda ni trwy ein bywydau yn dod â gofal a phryderon. Y mae Iesu Grist yn addo, pe bai Ef yn dod yn gyntaf yn ein bywydau, y byddai Ef yn gwaredu ein holl bryderon.

"Dewch ataf fi, bawb sy'n flinedig ac yn llwythog,
ac fe roddaf fi orffwystra i chwi".
(Mathew 11:28)

CAEL Y RYSÁIT CYWIR

Cymorth Gweledol:

Llyfr Coginio
Amrywiol gynhwysion, megis –
Blawd, Wyau, Ffrwythau Cymysg
Bag polythen bychan sy'n cynnwys tywod

Sawl un ohonoch chi sy'n mwynhau coginio? Dyma lyfr coginio ac ynddo nifer o wahanol ryseitiau cyffrous a diddorol. Gadewch i ni weld beth sydd eu hangen arnom i wneud cacen ffrwythau. Dyna ni, dwi'n meddwl fod gennym yr holl gynhwysion - blawd, wyau, ffrwythau cymysg ac ati. O na, mae'n dweud fod angen siwgr brown arnom. Tywod ydy hwn, mae'n edrych fel siwgr tydi! Beth am i ni ei ychwanegu?

Faint ohonoch chi fyddai'n hoffi blasu'r gacen? Pam ddim? Roedd popeth arall yn gywir yn y rysáit.

Rydyn ni gyd yn sylweddoli bod hyn yn anghywir, ond dyna'n union a wna pobl o ran crefydd.

Mae pobl yn creu eu ryseitiau eu hunain ynglŷn â sut y dylent fyw, gan feddwl y bydd popeth yn iawn yn y diwedd.

Mae'r Beibl yn dysgu'n wahanol; ni allwn ychwanegu na gadael unrhyw beth allan.

Yn gyntaf, rhaid i ni sylweddoli na allwn blesio Duw gan fod cymaint o ddrwg (pechod) yn ein bywydau. Rydym yn edifarhau (dweud ein bod yn sori) ac yn credu yn Iesu Grist fel yr unig UN a all ein gwneud yn iawn gyda Duw.

Gydag Ef fel ein Gwaredwr a'n Harglwydd, rydym yn byw i ogoniant Duw.

"...er mwyn ichwi, yn unfryd ac yn unllais, ogoneddu
Duw a Thad ein Harglwydd Iesu Grist."
(Rhufeiniaid 15:6)

DYSGU GWERSI GAN YR ARDD

Cymorth Gweledol:

Un ai, darn o daglys (*Convolvulus*) –
gyda'r blodyn gwyn arno os yn bosib',
neu, hyd o eiddew gyda chymaint o'r gwraidd â phosib'.

Hyd yn oed os ydych yn hoff o arddio ai peidio, mae'n siŵr eich bod yn hoffi blodau. Rydw i wedi dod â blodyn bychan gwyn sy'n tyfu yn fy ngardd i ddangos i chi. Ydych chi'n gwybod ei enw? Gadewch i mi ddangos rhywbeth amdano i chi. (Yn araf, dangoswch pa mor hir yw'r goes – gellir ei fesur mewn metrau). Caiff hwn ei adnabod fel taglys ac mae'n anodd iawn cael gwared ohono. Mae'n troelli a chlymu ei hun o gwmpas planhigion eraill. Nid oes pwrpas ei dorri i lawr, neu'n syml, ei dorri i ffwrdd, gan ei fod yn ail-dyfu'n gyflym iawn ac yn rheoli unwaith eto. Rhaid codi'r gwreiddyn.

Yn yr un modd, mae'r eiddew yn edrych yn gymharol fregus a diniwed gyda deilen ddeniadol iawn. Os ydy coeden fawr yn gadael i eiddew ddechrau tyfu i fyny ei boncyff, ymhen dim bydd wedi cymryd drosodd, gan wreiddio i mewn i'r goeden wrth iddo ledaenu. Yn y pen draw, bydd y goeden yn marw – wedi'i thagu a'i mygu gan yr eiddew.

Mae pechod fel yr eiddew! Efallai ei fod yn ddeniadol iawn ac yn ymddangos yn ddiniwed, ond gall, fodd bynnag, reoli eich bywyd yn llwyr. Effeithir ar y modd yr ydych yn meddwl a'r hyn a wnewch. Fel y taglys a'r eiddew, mae'n anodd iawn cael gwared ohono. Rhaid delio ag ef wrth ei wraidd.

Mae stori syml yr efengyl yn dweud sut y cynlluniodd Duw ffordd o ddelio â phechod. Gwyddai na allai dyn waredu ei hun ohono. Daeth Iesu Grist, Mab Duw, i'r byd i waredu ein pechodau. Ef yn unig all ein gadael yn rhydd drwy waredu'r gwraidd a'r gafael sydd gan bechod ar ein bywydau.

"Trannoeth gwelodd Iesu'n dod tuag ato, a dywedodd, 'Dyma Oen Duw, sy'n cymryd ymaith bechod y byd!'"
(Ioan 1:29)

"... ond yn awr ... y mae ef wedi ymddangos er mwyn dileu pechod ..."
(Hebreaid 9:26b)

CADW'N LÂN

Cymorth Gweledol:

Gwahanol fathau o sebon
Past Dannedd
Sebon Bath
Siampŵ

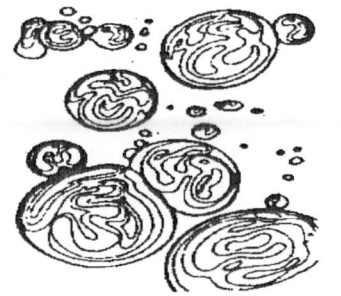

Mae gen i nifer o bethau sy'n arogli'n hyfryd iawn yn y bag yma. Tybed faint ohonyn nhw fyddwch chi'n eu hadnabod ac yn eu defnyddio?

Past dannedd yw hwn i olchi fy nannedd a gwneud iddyn nhw ddisgleirio.

Dyma siampŵ er mwyn i mi gael golchi fy ngwallt.

Yna, ceir sawl math o sebon. Mae lliw a phersawr gwahanol i bob un, ond mae'n nhw i gyd yn gwneud yr un gwaith: maen nhw'n gwaredu baw ac yn fy ngwneud i'n lân.

Mae sebon bath yn meddalu'r dŵr ac mae'n braf i'r croen.

Mae'r rhain i gyd yn ein cynorthwyo i gadw ein cyrff yn lân, ond beth am du mewn ein cyrff? Os ydw i'n meddwl meddyliau drwg, ni fydd unrhyw siampŵ yn eu golchi nhw i ffwrdd. Os ydw i'n genfigennus neu'n farus, ni all unrhyw sebon sawrus fy ngwneud i'n lân yn fewnol. Os ydw i'n dweud geiriau cas, ni all past dannedd olchi fy ngheg!

Ni allwn lanhau ein calonnau a'n meddyliau. Gallwn geisio gwneud hynny, ond byddwn yn methu bob tro. Mae'r Beibl yn dysgu bod angen dechrau newydd arnom. Dywedodd Iesu Grist fod angen i ni gael ein 'geni eto'.

Mae Duw'n addo os ydym yn sylweddoli a chydnabod ein bod yn fudr yn fewnol a'n bod yn wirioneddol sori am y drwg a wnaethom yn y gorffennol, bydd Ef yn maddau i ni ac yn rhoi dechrau newydd, glân i ni. Dim ond Ef all olchi ein calonnau a'n meddyliau.

"…golch fi fel y byddaf yn wynnach nag eira…
Crea galon lân ynof, O Dduw, …"
(Salm 51:7b,10)

Y TAIR RECORD

Cymorth Gweledol:

Bydd angen 3 record arnoch (disgiau) – un na fyddwch ei hangen eto!

Record 1 - gorchuddiwch y twll yn y canol - un ai gyda thâp gludiog neu llenwch ef â *blu-tack* (neu gwm cnoi!)

Record 2 – eto, gorchuddiwch y twll yn y canol a driliwch dwll arall ger ymyl y record

Record 3 – peidiwch newid dim arni

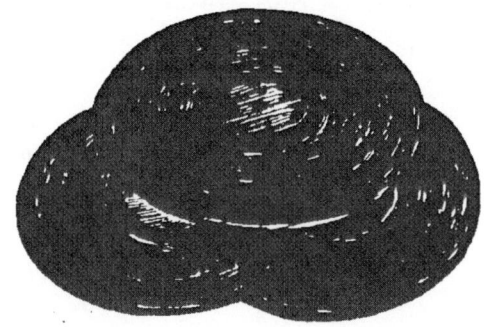

Dangoswch y record gyntaf. Beth yw hwn? Faint ohonoch chi sydd â recordiau fel hyn adref? Oes yna rywbeth yn rhyfedd am y record hon? Does 'na ddim twll yn ei chanol, felly nid oes modd ei chwarae. Fydd na ddim cerddoriaeth yn dod allan o'r record hon.

Beth am yr ail record? Mae 'na dwll yn hon, ond nid yw'r twll yn y canol. Beth fyddai'n digwydd tybed petawn i'n ceisio chwarae'r record hon? Yn lle clywed cerddoriaeth, byddem yn clywed sŵn crafu mawr dwi'n siŵr!

Mae'r drydedd record yn un dda â thwll lle y dylai fod – yn union yn y canol.

Wyddoch chi fod yna wers yma i ni? Mae Record 1 fel y person hwnnw nad oes ganddo le i Dduw yn ei fywyd o gwbl. Does 'na ddim sŵn yn dod ohoni; o ran pethau Cristnogol, mae'n farw.

Mae Record 2 gyda'r twll yn ei hochr fel y person hwnnw sydd â rhyw fath o gred yn Nuw. Mae'n gweld Duw mewn natur neu'n credu bod yn rhaid bod yna Greawdwr yn rhywle – ond mae'n amwys.

Mae Record 3 yn union fel y disgwyliodd y gwneuthurwr iddi fod. Mae'r twll yn ei chanol a phan chwaraeir hi, mae'r record, yn wahanol i'r ddwy arall, yn cynhyrchu cerddoriaeth.

Mae'r Cristion wedi canfod Duw trwy Iesu Grist, Ei Fab. Mae Duw yng nghanol ei fywyd. Mae'n byw yn unol ag ewyllys Duw ac yn ceisio gwneud popeth i blesio Duw.

"Y mae ein bryd, ...ar fod yn gymeradwy ganddo ef."
(2 Corinthiaid 5:9)

RHAG OFN!

Cymorth Gweledol:

Jac Car
Ymbarél Fach
Canhwyllau

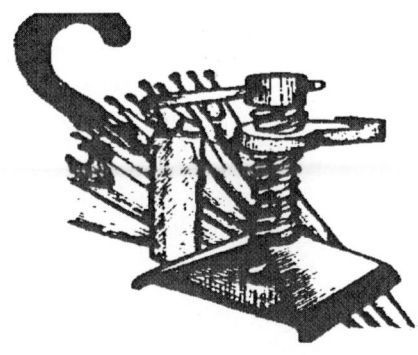

Faint ohonoch chi sy'n gwybod beth yw hwn? Jac Car ydyw. Nid oes unrhyw yrrwr yn mentro allan ar daith heb fod un o'r rhain ym mŵt ei gar. Mae'n mynd ag ef yn y car <u>rhag ofn</u> y caiff olwyn fflat. Heb y jac, ni fyddai'n gallu newid yr olwyn.

Mae'r ymbarél hon sy'n plygu yn ddefnyddiol iawn gan ei bod hi'n bosibl ei rhoi mewn bag neu ei chario yn hawdd – <u>rhag ofn</u> y daw glaw.

Welwch chi ddim o'r rhain y dyddiau hyn, oni bai eich bod yn clirio hen gypyrddau allan neu'n edrych i'r gofod o dan y grisiau! Canhwyllau ydyn nhw sy'n cael eu cadw <u>rhag ofn</u> y bydd toriad i'r cyflenwad trydan ryw dro.

Mae yna bethau eraill y mae pobl yn eu cadw <u>rhag ofn</u> y bydd rhywbeth annisgwyl yn digwydd. Yn anffodus, dyna sut y mae llawer o bobl yn meddwl am Dduw. Nid ydynt am iddo Ef fod yn rhan o'u bywydau dyddiol, ond maent yn gobeithio ei fod Ef yn agos, fel eu bod yn gallu galw arno Ef os ydynt mewn trwbl.

O dudalen gyntaf y Beibl i'r dudalen olaf, darllenwn am Dduw sy'n caru a gofalu amdanom. Pan ddaeth Iesu Grist i'r byd, dysgodd Ef fod Creawdwr popeth yn Dad i ni; yn Dad gofalus a thosturiol. Gallwn ddod i'w adnabod Ef drwy Ei Fab.

Mae'r efengyl yn newyddion arbennig nad yw Duw yn Dduw '<u>rhag ofn</u>', ond yn Dad nefol y gellir ei adnabod a'i garu yn Iesu Grist.

"'Onid Duw agos wyf fi,' medd yr Arglwydd,
'ac nid Duw pell?'"
(Jeremeia 23:23)

MYND AR DAITH TRÊN

(Addas ar gyfer cyfnod y gwyliau)

Cymorth Gweledol:

Amserlen Trenau
Tocyn

Rwy'n mynd ar daith trên. Mae yna gymaint o waith paratoi i'w wneud, cymaint o bethau i'w cofio!

Rydw i wedi pacio fy nghês, ac wedi ffonio'r orsaf am wybodaeth am y trên. Mae amserlen fel hon yn dweud popeth sydd angen ei wybod:

Yr amser y mae'r trên yn gadael
O ba lwyfan mae'r trên yn gadael
Oes yna gerbyd byrbrydau?
Ydy'r trên yn galw mewn nifer o orsafoedd ar y ffordd?
Pryd mae'n cyrraedd pen y daith?

Ar fore fy nhaith, bydd tacsi yn mynd â fi i'r Orsaf mewn da bryd i ddal y trên. Mae gen i docyn, ac mae fy mherthnasau wedi dod i ffarwelio â mi ar y trên.

Mae cloc yr orsaf yn dweud yr amser ac mae'r uchelseinydd yn cyhoeddi bod y trên yn cyrraedd. Mae pawb yn ymddangos yn gyffrous iawn. Mae popeth wedi gweithio'n dda ac mae'r gwyliau ar fin dechrau.

Mae'r trên yno a'i drysau ar agor, mae'r gard yn barod gyda'i faner neu chwiban – ond mae angen i mi gymryd y cam bychan hwnnw ar y trên! Ar ôl yr holl gynllunio, y paratoi, yr amseru a'r cyffro, pe na bawn i'n cymryd y cam bychan hwn, ni fyddai yna daith trên, dim gwyliau ac ofer fyddai'r cyfan.

Byddai hynny'n ddiweddglo trist - siom enfawr - ond mae'n digwydd yn aml iawn pan fo crefydd pobl yn y cwestiwn. Gellwch dreulio eich bywydau yn gwneud pethau da - yn cynorthwyo eraill, dangos caredigrwydd, bod yn onest bob amser, hyd yn oed mynychu'r eglwys, gan obeithio plesio Duw efallai, ac un diwrnod mynd i'r Nefoedd. Yn anffodus, mae'r Beibl yn dysgu bod y cyfan yn ofer os nad ydych wedi cymryd camau syml ffydd, gan gredu yn Iesu Grist fel eich Gwaredwr. Nid yw ein holl brysurdeb a'r holl egni a ddefnyddiwn yn dod â ni at Dduw. Mae'n rhaid cael amser y byddwn yn sylweddoli hyn ac yn derbyn Iesu Grist fel unig ffordd Dduw.

"Cred yn yr Arglwydd Iesu, ac fe gei dy achub ..."
(Actau 16:31)

TÂN GWYLLT

Cymorth Gweledol:

Bocs o Dân Gwyllt

Mae nifer ohonom yn prynu tân gwyllt i ddathlu Tachwedd 5ed - neu, awn i weld arddangosfa tân gwyllt. Mae gen i focs o dân gwyllt yma. Beth am gael golwg ar rai ohonyn nhw: roced, olwyn Cathryn, ffynnon euraidd, sbarcleri ac ati. Maen nhw i gyd yn swnio'n hynod a chyffrous iawn, ond beth sydd ei angen er mwyn dangos eu prydferthwch? Mae bob un ohonyn nhw angen matsien fechan gyffredin i'w cynnau. Nid oes neb yn cofio'r fatsien honno neu'n dod i'r arddangosfa tân gwyllt i weld y fatsien yn cael ei thanio, ond os na fydd matsien, fydd yna ddim tân gwyllt.

Mae hanes yr Eglwys Gristnogol yn llawn o enwau dynion a merched mawrion - pregethwyr, cenhadon, athrawon, proffwydi. Maent wedi goleuo'r byd tywyll hwn, ond rhoesant oll eu bywydau i weini Duw oherwydd bod rhywun arall wedi dweud wrthynt am Iesu Grist. Efallai na ddaeth y person a ddywedodd wrthynt fyth yn enwog. Roedden nhw fel y fatsien a gynheuodd dân gwyllt

gwych. Y mae Eglwys Dduw wedi ei chreu o bob math o bobl -
cyfoethog, tlawd, clyfar, syml, enwog, anhysbys. Maent oll yn
unedig yn y ffaith bod Iesu Grist yn Waredwr ac yn Arglwydd arnyn
nhw i gyd. Mae'r Eglwys yn tyfu wrth i un ddweud newyddion
da'r efengyl wrth rywun arall.

(Efallai y gellid adrodd hanes y forwyn fach - nid oes enw iddi - a
ddywedodd wrth wraig Naaman am ei Duw hi).

2 Brenhinoedd 5

DEFNYDDIO LLIDIART TRO

Cymorth Gweledol:

Tocyn Rygbi Rhyngwladol
Amrywiaeth o eitemau eraill y mae pobl
yn mynd gyda nhw i gêm

Mae'r rhai ohonoch sy'n mynychu gemau pêl-droed yn gwybod beth yw llidiart tro. Math o giât ydyw â breichiau metel yr ydych yn mynd drwyddyn nhw er mwyn cael mynediad i'r maes. Giât ydy hi sydd ond yn troi un ffordd ac ond yn gadael un person i mewn ar y tro.

Dychmygwch lidiart tro yn Stadiwm y Mileniwm yng Nghaerdydd cyn gêm rygbi rhyngwladol. Dyna gefnogwr rygbi yn cyrraedd y stadiwm ac yn dangos ei sgarff a'i rosyn i'r dyn wrth y giât. Nid yw'n cael mynediad i'r maes. Mae'n dadlau iddo fod yn gefnogwr brwd erioed - yn dilyn gemau rygbi bob pnawn Sadwrn.

Daeth yno gyda'i holl ffrindiau a gall ganu hefyd. Mae'n dangos fod ganddo raglen ar gyfer y gêm ac y gall enwi'r holl chwaraewyr, gan gynnwys y dyfarnwr a'r llumanwyr. Ni allai neb ddweud nad yw'n deall y gêm; mae'n gwybod yr holl reolau mewn manylder. Mae mor benderfynol o gael mynd i mewn mae'n fodlon talu arian mawr. Mae'r ateb, fodd bynnag, yn gadarn, "Mae'n ddrwg gen i syr, ond does gennych chi ddim tocyn!"

Dyna ffôl! Mae'n gefnogwr brwd, yn ddidwyll ac onest ym mhopeth, ond nid yw wedi cael tocyn o flaen llaw. Ni all gael mynediad am fod gan ei ffrindiau docynnau – oherwydd wrth y llidiart tro, dim ond un a gaiff fynediad ar y tro.

Wyddoch chi fod llawer o bobl yn dadlau fel y dyn hwn ynglŷn â mynd i'r Nefoedd?

Maent yn dadlau eu bod wedi cael diddordeb mewn crefydd erioed. Aethant i'r Ysgol Sul ac i'r eglwys. Mae ganddyn nhw ffrindiau Cristnogol da. Buont yn garedig erioed ac yn cyfrannu arian at achosion da. Maent wedi gwneud cymaint, ond wedi anwybyddu rhybudd y Beibl mai ond un ffordd yn unig sydd at Dduw, a hynny wrth gredu yn yr Arglwydd Iesu Grist.

"Dywedodd Iesu wrtho, "Myfi yw'r ffordd a'r gwirionedd a'r bywyd. Nid yw neb yn dod at y Tad ond trwof fi."
(Ioan 14:6)

"Myfi yw"r drws; os daw rhywun i mewn trwof fi, caiff ei gadw'n ddiogel..."
(Ioan 10:9a)

TOCYN ANRHEG

Cymorth Gweledol:

Tocyn Anrheg

Mae pawb wrth eu bodd yn derbyn anrhegion. Mae plant yn edrych ymlaen yn eiddgar at y Nadolig ac yn aml yn creu rhestr o'r pethau yr hoffent eu cael.

Mae "Beth gefaist ti'r Nadolig hwn?" neu "Beth gefaist ti'n anrheg pen-blwydd?" yn gwestiynau yr ydym yn hoff o'u hateb fel arfer. Weithiau, fodd bynnag, efallai y cewch un o'r rhain. Tocyn Anrheg ydyw. Fel y gwyddoch, cerdyn ydyw sy'n rhoi dymuniadau gorau ac ynddi ceir taleb fel hon, sy'n werth arian. Mae ffrind neu berthynas wedi talu'r cyfanswm a'r oll sydd angen i chi ei wneud ydy mynd i'r siop a phrynu rhywbeth gydag ef. Yn lle prynu rhywbeth na fyddech o bosib yn ei hoffi neu ei angen, maent wedi rhoi'r cyfle i chi ddewis eich anrheg eich hun gan ddefnyddio'r daleb.

Beth fyddai eich barn chi am berson nad yw'n mynd i'r siop a newid y daleb am anrheg? Byddai gwastraffu £10 neu £15 yn ffôl.

Mewn ffordd, mae Duw yn rhoi tocyn anrheg i bob un ohonom. Yr anrheg y gallwn ei ddewis ydy bywyd tragwyddol. Nid oes neb yn haeddu'r fath anrheg ac ni all neb ei brynu. Fe gostiodd hyn yn enbyd i Dduw. Golygodd hyn anfon Ei Fab Arbennig i'r byd. Daeth â bywyd tragwyddol i ninnau pan fu Ef farw dros ein pechodau ar Galfaria.

Mae llawer o bobl nad ydynt yn credu hyn, ac felly'n gwastraffu'r tocyn anrheg gorau a roddwyd erioed.

"...ond rhoi yn rhad y mae Duw, rhoi bywyd tragwyddol yng Nghrist Iesu ein Harglwydd."
(Rhufeiniaid 6:23b)

ADDEWIDION

(Addas ar gyfer yr Hydref)

Cymorth Gweledol:

Ychydig o ddail yr Hydref
Hen afal
Catalog o hadau
Beibl

Ydych chi wedi sylwi ar y coed yn ddiweddar? Rwy'n gorfod sgubo llwybr yr ardd yn aml, ond unwaith y byddaf wedi gorffen mae wedi'i orchuddio unwaith eto. (Dangoswch ddail yr Hydref – rhai gwahanol siapiau, meintiau a lliwiau).

Roedd yna ychydig o afalau ar frig y goeden afalau, ond doeddwn i ddim yn gallu eu hestyn. Mae'r gwynt wedi eu chwythu i lawr erbyn hyn - maent yn frown, wedi torri ac wedi'u cleisio. Ydy, mae gerddi yn flêr iawn adeg hon y flwyddyn gan fod pethau yn gwywo.

Ond edrychwch beth dderbyniais i yn y post - catalog hadau ar gyfer y gwanwyn nesaf. Dyma luniau o flodau hardd, llysiau arbennig a ffrwythau o bob math. Mae'r catalogau bob amser yn addo cnydau ac arddangosfeydd gwych. Nid ydynt byth yn sôn am y pethau a all fynd o'i le, megis y pridd, afiechydon, lindys llwglyd, pry du, rhwd dail, ac ati. Ydy ein gerddi ni fel y rhai yn y catalogau?

Mae gen i gatalog yma (Beibl) sy'n llawn o addewidion Duw. Nid yw ei addewidion byth yn methu am iddo gael ei ddisgrifio fel hyn:

"… y digelwyddog Dduw …"
(Titus 1:2)

Gall pob Cristion ddibynnu'n llwyr ar addewidion Duw.

Dywedodd Ef:

"Ni'th adawaf fyth, ac ni chefnaf arnat ddim."
(Hebreaid 13:5)

"Dyma'r hyn a addawodd ef i
ni, sef bywyd tragwyddol."
(1 Ioan 2:25)

(Gallai amrywiaeth i'r stori hon ddefnyddio llyfrynnau gwyliau. Maent yn addo awyr las bob amser – ond does na ddim sicrwydd!)

WEDI MYND YN HEN

Cymorth Gweledol:

Haearn fflat
Abacus
Fforch tostio
(neu unrhyw eitemau eraill lle mae fersiynau
llawer mwy modern erbyn hyn)

(Dangoswch bob eitem yn eu tro i'r plant i weld a ydynt yn eu hadnabod). Mae smwddio dillad yn waith diflas y dyddiau hyn – ond beth petai'n rhaid i'ch mam ddefnyddio haearn fflat fel hwn? Gellir gosod haearnau modern ar dymheredd addas ar gyfer y defnydd sy'n cael ei smwddio. Sut oedd haearn fflat yn cael ei gynhesu? Roedd yn cael ei osod yn y tân nes ei fod yn ddigon poeth.

Faint ohonoch chi sy'n defnyddio cyfrifianellau? Gadewch i mi ddangos y model cyntaf i chi – sy'n cael ei adnabod fel ABACUS. Gall pawb wneud eu symiau ar hwn, ond byddai'n cymryd tipyn mwy o amser i chi.

Rwy'n siŵr na fydd llawer ohonoch yn gwybod beth yw hwn. Fforch tostio ydyw. Does na ddim tanau glo mewn llawer o dai erbyn hyn. Er mwyn tostio bara flynyddoedd yn ôl, byddai tafell o fara yn cael ei dal ar ben y fforch ychydig gentimedrau oddi wrth y tân. Wrth gwrs, heddiw mae gennym dostwyr 'neidio-i-fyny' sy'n gallu tostio dwy, pedair neu hyd yn oed chwe tafell ar y tro. (Defnyddiwyd byrddau sgwrio cyn creu peiriannau golchi a manglau cyn peiriannau sychu).

Efallai eich bod yn chwerthin wrth weld yr hen bethau hyn ond bydd eich plant yn chwerthin ar ein pethau modern ninnau hefyd rhyw ddydd.

Mae popeth yn newid – nid oes llawer o amser cyn bod y steil ddiweddaraf, ffasiwn neu declynnau yn hen ffasiwn iawn.

Mae pethau'n newid yn gyson yn y byd hwn.

Yn y Beibl, fodd bynnag, rydym yn dysgu am bethau nad ydynt yn newid.

Nid yw Duw'n newid. Nid yw ei gariad tuag atom yn newid. Pe baech yn darllen rhannau hynaf y Beibl, byddech yn gweld fod dynion a merched yr un fath yr adeg honno ag y maent heddiw. Roeddent yn gwneud pethau drwg fel ninnau heddiw. Mae'r efengyl yn newyddion da i ddynion, gwragedd a phlant heddiw fel ag yr oedd 2000 o flynyddoedd yn ôl. Nid all yr hyn a wnaeth Iesu Grist i ni fyth fynd yn hen.

"Iesu Grist, yr un ydyw ddoe
a heddiw ac am byth."
(Hebreaid 13:8)

UN PETH AR GOLL

(Byddai'r stori hon fwyaf addas yn union cyn neu ar ôl gêm rygbi ryngwladol)

Cymorth Gweledol:

Pêl Rygbi

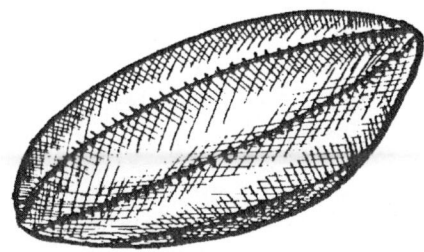

Ydych chi wedi meddwl am yr holl gynllunio a'r holl weithgarwch sy'n digwydd cyn cynnal gêm rygbi fawr? Rhaid dewis stadiwm addas. Dewisir dau dîm. Cyhoeddir tocynnau a'u dosbarthu i'w gwerthu. Caiff dyfarnwr a dau lumanwr eu hapwyntio. Daw nifer o fysiau a threnau'n llawn cefnogwyr i'r maes. Mae'r camerâu teledu yn eu lle a'r holl sylwebwyr yn barod. Efallai bod seddau arbennig wedi'u cadw ar gyfer y teulu brenhinol. Mae chwe deg mil o gefnogwyr yn gweiddi a chanu wrth iddynt aros yn gyffrous am y gic gyntaf. Mae holl waith caled y timau yn hyfforddi a'r holl waith trefnu erbyn hyn wedi cyrraedd ei uchafbwynt.

Fodd bynnag, heb un o'r rhain (pêl rygbi), mae'r cyfan yn ofer. Oni fyddai hi'n wirion pe bai neb wedi dod â phêl i'r gêm? Byddai'r holl baratoi, cynllunio, teithio a'r cynnwrf yn ddi-werth pe bai'r un eitem yma ar goll.

Mae'n siŵr na fyddai'r fath beth yn digwydd mewn gêm ryngwladol, ond mae'n digwydd yn ddyddiol ym mywydau pobl.

Rydyn ni'n treulio bob dydd yn cynllunio hyn a'r llall, yn brysio yma a thraw. Mae gennym dargedau penodol neu ddyheadau. Gallwn geisio fod yn dda, cynorthwyo eraill, cefnogi achosion da, ac efallai yr awn i'r eglwys!

Ar ddiwedd popeth, os oes un peth pwysig ar goll mae'r cyfan yn ddi-werth. Yn ôl y Beibl, y peth pwysicaf i'w wybod yn ystod ein bywydau yw gwirionedd yr efengyl.

Un tro, gofynnodd Iesu i'w ddisgyblion a oeddent eisiau ei adael Ef a dychwelyd i'w hen fywydau. Atebodd un o'r disgyblion fel hyn:

"Arglwydd, at bwy yr awn ni? Y mae geiriau bywyd tragwyddol gennyt ti,..."
(Ioan 6:68)

TORTS

Cymorth Gweledol:

Torts

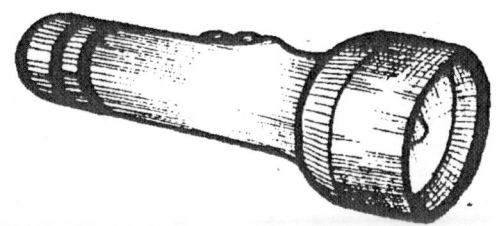

Nid ydym yn hoffi'r tywyllwch. Ydych chi wedi bod mewn lle cyfangwbl dywyll lle nad oes yr un llygedyn o olau – megis pwll glo neu dwnel? Ar noson dywyll, gall cario un o'r rhain fod o gymorth mawr drwy ddarparu golau i'w ddisgeirio ar y ffordd o'ch blaen.

Nid yw'r dorts hon, fodd bynnag, yn gweithio. Roedd y batris yn newydd ddoe, a doedd na ddim yn bod ar y bwlb. Mae'r swits yn gweithio'n berffaith. Yn wir, mae hon yn dorts dda iawn – gan gwmni adnabyddus. Beth allai fod o'i le arni? Ble mae'r nam?

Mi ddangosaf i chi. Mae yna ddarn bychan o bapur lle mae'r bwlb yn cysylltu â'r batri. Dyma achos y broblem. Pan gaiff ei dynnu oddi yno, mae'r dorts yn cynnig golau fel y dylai wneud.

Mae'r Beibl yn dysgu bod Duw wedi creu pobl i bwrpas arbennig. Y pwrpas hwnnw ydy y dylem fwynhau Duw a byw er mwyn ei ogoniant Ef. Rydyn ni gyd yn gwybod fod llawer o'i le yn y byd. Bob tro y clywn y newyddion, rydym yn meddwl sut y gall pobl ymddwyn fel hyn. Pe baem yn meddwl amdanom ein hunain, rhaid cyfaddef nad ydym yn berffaith.

Mae gan bob un ohonom rywbeth yn ein calonnau; rhywbeth mae'r rhan fwyaf o bobl yn meddwl ei fod mor fach nad oes pwrpas meddwl amdano. Mae gan y Beibl enw amdano – 'PECHOD'. Mae hwn fel y darn papur bychan hwnnw yn y dorts. Mae'n ein rhwystro rhag byw fel y mae Duw, ein Crëwr, am i ni fyw.

Nid oedd y dorts ei hun yn gallu tynnu'r papur oddi yno ac ni allwn ninnau chwaith dynnu ein pechod o'n bywydau.

Y newyddion da i ninnau yw bod Iesu Grist, Mab Duw, wedi dod i'r byd i gymryd ein pechodau.

Pan fyddwch yn credu hyn ac yn gofyn i Iesu gymryd eich pechod oddi arnoch, yna byddwch yn byw bywyd sy'n wirioneddol disgleirio i Dduw yn y byd tywyll hwn.

"Yr ydych yn gwybod bod Crist wedi ymddangos
er mwyn cymryd ymaith bechodau ..."
(1 Ioan 3:5)

LICRYS OLSORTS

Cymorth Gweledol:

Bocs o Licrys Olsorts

(Gafaelwch mewn bocs o licrys olsorts – a thynnwch nhw allan, un ar y tro).

Pa un yw eich ffefryn? Mae lliwiau, siapiau a meintiau gwahanol i bob un – ond, mae canol licrys i bob un. (Tynnwch unrhyw rai sydd heb ganol licrys cyn y wers).

Beth mae licrys yn ei wneud? Mae'n gadael ôl brown ar eich wyneb, dwylo neu ar eich dillad.

Mae pawb yn wahanol – mae rhai ohonom yn dal, yn fyr, yn denau, yn dew, yn swnllyd, yn dawel – ond wyddoch chi ein bod ni gyd fel Licrys Olsorts?

Er ein bod yn edrych yn wahanol, rydym yr un fath tu mewn. Dywed y Beibl wrthym ein bod ni gyd yn bechadurus a bod pechod o'n mewn yn difetha'r hyn a wnawn. Rwy'n siŵr eich bod wedi ceisio eich gorau i fod yn garedig neu'n amyneddgar, ond eich bod wedi gwneud rhywbeth drwg hefyd. Mae fel y licrys yn gadael olion budr.

Daeth yr Arglwydd Iesu i gymryd ein calonnau budr a rhoi calonnau glân i ni.

"Yr hyn sy'n dod allan o rywun, dyna sy'n ei halogi."
(Marc 7:20)

BOD YN DDEFNYDDIOL

DYMA DRI PHETH DEFNYDDIOL SY'N DYSGU'R UN NEGES I NI

A) POTEL LEFRITH

Y botel lefrith a wrthododd gael ei defnyddio!

Nid oedd am ddod i mewn oddi ar y stepen drws. Pam ddylai rywun gael tynnu ei thop ac arllwys ei llefrith ar greision ŷd eto?

Mae'n styfnigo ac yn aros allan drwy'r dydd ar y stepen drws yn yr haul. Yn ddiweddarach, mae'n newid ei meddwl, ond wedyn does neb ei heisiau hi – oherwydd mae wedi suro.

B) CANNWYLL AR SOSER

Pan gawn ni doriad yn y trydan ac mae'r trydan yn cael ei ddiffodd, rydym yn tynnu canhwyllau allan. Unwaith y mae cannwyll wedi'i chynnau, dylai gynnig golau yn syth. Mae'r gannwyll fechan hon, fodd bynnag, eisiau cadw ei golau iddi hi ei hun. (Dylech ei gorchuddio â thun neu jar yma).

C) TEBOT A CHÔT TEBOT

Yma, mae gennym debot yn llawn o de poeth hyfryd. Mae mor boeth a chlyd, mae'n gwrthod arllwys y te. Yn ddiweddarach, wrth gwrs, pan mae'n newid ei feddwl – does neb eisiau ei de oer!

Rydym yn barod i gael ein defnyddio gan Dduw yn Ei wasanaeth pan mae Ef ein hangen neu'n galw arnom. Yn amser Duw – nid yn ein hamser ni!

"Addolwch yr ARGLWYDD mewn llawenydd..."
(Salm 100:2a)

YN FY LLE I

(Addas ar gyfer Gwener y Groglith)

Cymorth Gweledol:

Crys pêl-droed gyda'r rhif 12 ar ei gefn

Mae'n siŵr eich bod yn chwarae nifer o gemau tîm yn yr ysgol: tenis, hoci, rygbi, pêl-droed, criced, pêl-rwyd ac ati. Ydych chi'n gwybod faint o aelodau sydd ym mhob un o'r timau hyn? Gadewch i ni siarad ychydig am bêl-droed. Dyma grys pêl-droed. Sawl chwaraewr sydd mewn tîm pêl-droed? Un-ar-ddeg? Sut mae esbonio hynny a bod y rhif 12 ar gefn y grys yma? Ie, dyma grys yr EILYDD.

Ef yw'r chwaraewr y mae'r rheolwr yn ei anfon i'r cae yn lle rhywun arall. Efallai bod chwaraewr arall wedi'i anafu, neu wedi blino'n lân neu ddim yn chwarae cystal ag y dylai. Mae'n cael ei alw oddi ar y cae ac mae Rhif 12, yr eilydd, yn chwarae'r gêm yn ei le.

Yn y Beibl, rhoddodd Duw reolau i bobl fyw gyda nhw. Cânt eu hadnabod fel y Deg Gorchymyn. Pe baech yn eu darllen byddech

---

yn sylweddoli eu bod yn anodd iawn eu cadw. Yn wir, nid oes NEB wedi eu cadw nhw i gyd. Rydyn ni gyd wedi methu – neu, fel y dywed y Beibl:

"Ie, pawb yn ddiwahaniaeth, oherwydd y maent oll
wedi pechu, ac yn amddifad o ogoniant Duw."
(Rhufeiniaid 3:23)

Ond y newyddion da Cristnogol ydy bod Duw wedi darparu EILYDD. Mae wedi dod â Rhywun i'r byd hwn i fyw bywyd perffaith yn lle bob un ohonom ni. Mae wedi cymryd ein lle ac yn bodloni Duw drwy fyw bywyd di-bechod.

Mae Duw yn ein caru gymaint nes ei fod Ef yn barod i roi Ei Fab i fyw a marw drosom.

"Do, carodd Duw y byd gymaint nes iddo roi
ei unig Fab, er mwyn i bob un sy'n credu ynddo ef
beidio â mynd i ddistryw ond cael bywyd tragwyddol."
(Ioan 3:16)

PETHAU SY'N DWEUD RHYWBETH WRTHYM HEB SIARAD

Cymorth Gweledol:

Cloch Llaw
Chwiban
Cloc

Beth yw pwrpas cloch yr ysgol? Mae'n canu i ddweud wrthym ei bod hi'n amser i wersi ddechrau, neu'n amser egwyl, neu'n amser cinio, neu'n amser mynd adref.

Fedrwch chi feddwl am unrhyw glychau eraill? Mae clychau'r eglwys yn dweud wrthym ei bod hi'n amser mynd i'r eglwys, neu bod yna briodas. Mae'r gloch ar y bws yn dweud wrth y gyrrwr am stopio.

Beth mae'r chwiban yn ddweud wrthym? Mewn gêm bêl-droed, mae'r dyfarnwr yn ei chwythu i ddweud wrth chwaraewyr i stopio neu ddechrau chwarae.

Sawl un ohonoch chi sy'n gallu dweud yr amser? Pa fath o bethau mae wyneb y cloc yn dweud wrthym? Efallai ei bod hi'n amser mynd allan, amser gwely, neu'n amser codi.

Mae'r holl bethau hyn yn dweud rhywbeth wrthym heb siarad.

Nid yw'r llyfr hwn (Y Beibl) wedi gwneud unrhyw sŵn ond mae wedi siarad â phobl ers cannoedd o flynyddoedd. Mae ei newyddion da wedi cyrraedd pedwar ban byd.

Mae Duw wedi siarad â ni drwy'r Beibl. Rydym yn dysgu amdano, am Ei gariad a sut yr anfonodd Ef ei Fab i'r byd i farw trosom.

"... a'th fod er yn blentyn yn gyfarwydd â'r
Ysgrythurau sanctaidd, sydd yn abl i'th wneud
yn ddoeth a'th ddwyn i iachawdwriaeth trwy ffydd
yng Nghrist Iesu."
(2 Timotheus 3:15)

A.C.G.P.

Cymorth Gweledol:

1. Cardiau gwahoddiad neu lythyrau gwahodd
i barti pen-blwydd, priodas neu Fedydd.
2. Beibl

Rydyn ni gyd yn hoffi derbyn llythyron gan ffrindiau a pherthnasau. Sawl un ohonoch chi sydd wedi agor amlen a chanfod cerdyn fel hwn ynddi? Gwahoddiad i barti pen-blwydd ydyw. Dyma fath arall o gerdyn – mae'n dweud fy mod i wedi cael fy ngwahodd i briodas.

Mae'r rhain yn achlysuron hapus iawn ac rydym yn edrych ymlaen i ymuno â'r dathliadau. Mae yna, fodd bynnag, ar waelod pob gwahoddiad, 4 llythyren – A.C.G.P. Beth yw eu hystyr? Eu hystyr ydy::
"Ateber Cyn Gynted â Phosib"

Mae rhieni'r plentyn am wybod faint fydd yn mynychu'r parti pen-blwydd. Mae cyn bwysiced hefyd i wybod faint o wahoddedigion fydd yn mynychu priodas, ac felly gofynnir i bawb ymateb i'r gwahoddiad.

Wyddoch chi fod y Beibl yn anfon gwahoddiad i bawb? Nid gwahoddiad i barti ydyw, ond gwahoddiad i'r Nefoedd. Mae'n dweud wrthym sut y gallwn ddod at Dduw. Trwy Iesu Grist, Mab Duw y mae'r ffordd. Mae Duw yn ein gwahodd ni gyd, ond mae'n rhaid i bawb ymateb yn unigol.

"Bendigedig fyddo Duw a Thad ein Harglwydd Iesu Grist! O'i fawr drugaredd, fe barodd ef ein geni ni o'r newydd i obaith bywiol trwy atgyfodiad Iesu Grist oddi wrth y meirw, i etifeddiaeth na ellir na'i difrodi, na'i difwyno, na'i difa."
(1 Pedr 1:3,4)

SICRWYDD

(Addas ar gyfer y Flwyddyn Newydd)

Cymorth Gweledol:

Dyddiadur Newydd

Oddeutu wythnos yn ôl roeddem yn dathlu'r Nadolig ac erbyn hyn mae'r Flwyddyn Newydd wedi cychwyn. Rydym yn clywed pobl yn dymuno 'BLWYDDYN NEWYDD DDA' i'w gilydd. Sawl un ohonoch chi sydd wedi derbyn neu wedi prynu dyddiadur newydd fel hwn? Mae'n siŵr bod eich mam neu'ch tad wedi prynu un. Ar hyn o bryd, mae'r dyddiadur mor lân a gwag! Mae'r 365 o dudalennau gwag hyn yn barod i'w llenwi. Ni allwn ysgrifennu heddiw beth sydd am ddigwydd neu yr hyn yr ydym am ei wneud. Gallwn wneud ein cynlluniau bychain, ond nid ydym yn sicr am ddyddiau unigol.

Mae yna, fodd bynnag, bethau eisoes wedi'u hysgrifennu ar rai o dudalennau'r dyddiadur hwn:

Gwelaf ddyddiad Sul y Blodau a Gwener y Groglith.

Gwelaf ddiwrnod ym mhob mis pan fydd yna leuad llawn.

Y diwrnod y bydd clociau'n cael eu troi ymlaen awr yn y Gwanwyn ac yn ôl eto yn yr Hydref.

Mae rhai dyddiaduron hyd yn oed yn dweud wrthych pa bryd fydd eclips o'r haul neu'r lleuad.

Mae'r achlysuron hyn wedi'u cofnodi eisoes gan fod dyn wedi gweithio allan pryd y byddant yn digwydd ac yn eithaf pendant y byddant yn digwydd ar y dyddiadau hynny yn ystod y flwyddyn sydd i ddod.

Mae'r Cristion, fodd bynnag, yn berson sy'n gwybod bod un peth yn sicr am y flwyddyn sydd i ddod. Mae'n gwybod y bydd Duw ynddi. Mae ei gariad, trugaredd, caredigrwydd ac amynedd yn sicr. Mae'r Beibl yn llawn o addewidion Duw y gellir dibynnu'n llwyr arnynt. Adroddwyd un o'r addewidion sy'n cynnig y mwyaf o gysur gan yr Arglwydd Iesu Grist pan ddywedodd Ef –

"…yr wyf fi gyda chwi yn wastad hyd ddiwedd amser."
(Mathew 28:20)

LLWCH

Cymorth Gweledol:

Cynnwys bag sugnwr llwch.

Tybed fedrwch chi ddyfalu beth sydd gen i yn y bag yma? Dyma ychydig o gliwiau i chi:

Rydw i wedi dod ag ef o adref.
Dydw i ddim wedi'i brynu – oherwydd tydw i ddim ei eisiau.
Hoffwn gael gwared ohono, ond does neb arall ei eisiau chwaith.
Mae gan bawb ef yn eu cartrefi ac mae rhai pobl yn talu eraill i gael gwared arno.

Ie, LLWCH ydyw.

Mae'n gorwedd ar silffoedd, ar ddodrefn, y llawr ac ymhob man. Rydym yn defnyddio dwsteri a sugnwyr llwch i geisio gwaredu ein tai o lwch. Nid yw'r tŷ yn lân nes bod y llwch wedi mynd.

Wyddoch chi fod y Beibl yn dysgu bod Duw wedi creu dyn o lwch y ddaear? Meddyliwch am holl ddynion a gwragedd gwych ein hamser a'n hanes – beirdd, cyfansoddwyr, brenhinoedd,

arlywyddion, gofodwyr, cantorion pop, oll wedi'u creu o'r un deunydd â llwch. Sut felly y gellwn frolio neu fod yn falch?
"Pob peth yr wyf, Ef am gwnaeth,
Pob peth sydd gennyf, Ef rhoddodd im".

Dywed y Brenin Dafydd, awdur nifer o'r Salmau yn y Beibl, hyn am Dduw y Creawdwr:

"Oherwydd y mae ef yn gwybod ein deunydd,
yn cofio mai llwch ydym."
(Salm 103:14)

ADLEWYRCHIADAU

Cymorth Gweledol:

1. Enghreifftiau o ddrychau sy'n aflunio,
e.e. drych eillio, drych adain car.
2. Drych cyffredin.

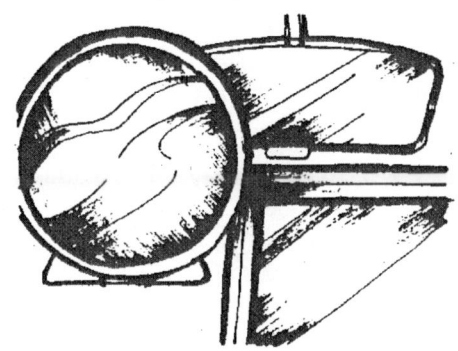

Ydych chi wedi ystyried pa mor aml y byddwn yn defnyddio drychau? Mae gan bob car o leiaf un drych y mae'r gyrrwr yn ei ddefnyddio i weld y ffordd y tu ôl iddo. Efallai eich bod wedi gweld drychau mawrion ar gorneli peryglus neu fynedfeydd cuddiedig. Efallai bod eich tad neu'ch brawd hŷn yn defnyddio un o'r rhain - drych eillio ydyw.

Mae gan bawb ddrychau mewn gwahanol ystafelloedd yn y cartref. Mae gan y siopau mawrion yn y dref nifer o ddrychau - beth am eu cyfri y tro nesaf y byddwch yn siopa.

Mae'n siŵr eich bod wedi sylwi bod nifer o wahanol fathau o ddrychau. Rhai'n aflunio, hynny yw, pan fyddwch yn edrych ynddynt, nid ydych yn gweld gwir adlewyrchiad ohonoch chi eich hun. Mae gan ffeiriau yn aml ddrychau sy'n aflunio eich corff i bob siâp.

Os ydych, fodd bynnag, eisiau drych sy'n cynnig gwir lun ohonoch eich hun, gellwch ddefnyddio un fel hyn. Drych cyffredin ydyw.

Pan fyddwn yn darllen y Beibl, mae'n dweud wrthym yn union sut rai ydym. Nid yw'n cuddio ein harferion gwael ac nid yw'n gorliwio unrhyw dda sydd ynom. Mae fel drych cyffredin sy'n cynnig adlewyrchiad perffaith, nid o'n gwedd allanol, ond yr hyn yr ydym mewn gwirionedd yn ein calonnau.

Gall llyfrau eraill roi'r syniad anghywir inni o'r hyn yr ydym neu'r hyn y gallwn fod. Pan fyddwn yn darllen yr Ysgrythurau ac yn onest gyda ni ein hunain, gwelwn nad ydym yr oll y mae Duw am inni fod.

"...oherwydd y maent oll wedi pechu, ac yn amddifad o ogoniant Duw."
(Rhufeiniaid 3:23)

Y RECORDYDD TÂP

Cymorth Gweledol:

Recordydd Tâp

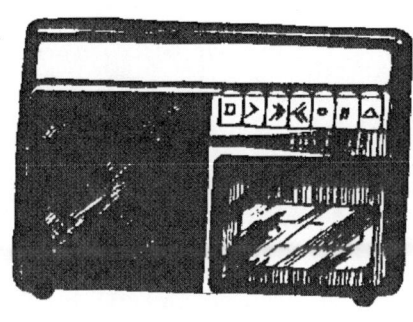

Sawl un ohonoch chi sy'n adnabod hwn?

Recordydd tâp sy'n gweithio gyda batri ydy hwn. Rwy'n ei ddefnyddio i chwarae fy hoff gerddoriaeth, neu weithiau byddaf yn ei ddefnyddio i recordio fy llais.

Mae nifer o fotymau yma y gallaf eu pwyso. Mae hwn yn dweud AILDDIRWYN (*Rewind*). Os ydw i'n gwneud camgymeriad wrth recordio, gallaf fynd yn ôl a diddymu fy nghamgymeriad.

Mae botwm arall yn dweud YMLAEN YN GYFLYM (*Fast Forward*). Rwy'n pwyso'r botwm hwn os nad ydw i'n hoffi'r hyn sy'n dod nesaf a gallaf symud ymlaen heb orfod gwrando arno.

Pan gawsom ein geni, cafodd y botwm CHWARAE ei bwyso ar ein bywydau. Ni allwn, fodd bynnag, ddiddymu'r gorffennol. Ni allwn fynd yn ôl os ydym wedi dweud y peth anghywir neu wedi gwneud rhywbeth yr ydym yn ei ddifaru. Nid oes ail-rediad. Y peth pwysig, fodd bynnag, yw bod Duw yn barod i faddau'r gorffennol.

Os yw'r ffordd ymlaen i'w weld yn anodd, ni allwn wasgu'r botwm YMLAEN YN GYFLYM, ond mae'n rhaid i ni ei gerdded. Nid yw Duw'n ei gwneud hi'n bosibl i chi osgoi'r dyfodol, ond mae'n addo mynd gyda chi.

"...oherwydd maddeuaf iddynt eu drygioni, ac ni chofiaf eu pechodau byth mwy."
(Jeremeia 31:34)

Addawodd Iesu:

"...yr wyf fi gyda chwi yn wastad hyd ddiwedd amser."
(Mathew 28:20)

UN PETH YN GYFFREDIN

Cymorth Gweledol:

Basged neu fag yn llawn o fotymau amrywiol

Tybed fedrwch chi ddyfalu beth sydd gen i yn y bag hwn? Efallai y byddwch yn gallu dyfalu pe bawn i'n ysgwyd y bag. Mae nifer ohonynt ac mae -

rhai yn ddu ac yn grwn
eraill yn rhai mawr brown
ceir rhai gwyrdd siâp hirgrwn
hyd yn oed rhai plastig tryloyw
mae gan lawer bedwar twll, tra bo eraill â dau dwll, ac ati.

Ie, gwahanol fathau o fotymau ydyn nhw. Maent yn wahanol o ran maint, siâp a lliw, ac maen nhw i GYD AR GOLL. Maent oll wedi eu gwneud ar gyfer cotiau, siwmperi neu ffrogiau, ond aethant ar goll. Mae rhywun wedi eu casglu i gyd i'r bag hwn dros y blynyddoedd. Rhai dyddiau, bydd aelod o'r teulu yn pori drwyddynt ac yn dod o hyd i un y maent ei angen. Yna, caiff ei wnïo ar ei g/chôt.

Mae yna wahaniaethau mawr rhyngom ni fel pobl, mewn sawl ffordd, e.e. siâp, maint, lliw, personoliaeth, gallu ac ati. Mae'r Beibl yn pwysleisio, er inni gael ein creu gan Dduw, rydym oll ar goll. Mae Iesu Grist yn edrych am y rhai sy'n fodlon dod ato Ef. Yna, nid yw byth yn colli'r un enaid. Nid cotwm sy'n eich rhwymo iddo Ef ond Ei linynnau cryf o gariad.

"Ac ewyllys yr hwn a'm hanfonodd i yw hyn: nad wyf i golli neb o'r rhai y mae ef wedi eu rhoi imi ..."
(Ioan 6:39)

SYLWEBWYR

Cymorth Gweledol:

Crys Rygbi neu Bêl-droed

Dylid adrodd y stori hon yn union cyn gêm neu'n union wedi gêm rygbi neu bêl-droed bwysig.

Dychmygwch y wefr o gael eich dewis i chwarae i dîm rygbi neu bêl-droed enwog. Rydych wedi hyfforddi'n dda, wedi dysgu nifer o sgiliau ac erbyn hyn yn cael y fraint o fod yn aelod o'r tîm.

Rydych yn gwisgo'r cit sy'n dangos lliwiau eich tîm, ac mae'r foment fawr o redeg ar y cae wedi cyrraedd. Mae'r stadiwm yn llawn gyda miloedd o sylwebwyr. Mae pob llygad arnoch chi. Mae dewiswyr y tîm yn edrych arnoch yn y gobaith y byddwch yn chwarae'n dda. Mae'r swyddogion yn gwylio i sicrhau eich bod yn cadw at reolau'r gêm. Os yw hi'n gêm ryngwladol, nid yn unig mae'r miloedd yn y standiau yn eich gwylio, ond gall miliynau eich gweld ar y teledu hefyd. Mae eich pob symudiad wedi eu recordio ac yn cael eu barnu.

Wyddoch chi fod yr un peth yn wir am fywyd bob dydd? Efallai nad oes gennych filiynau yn eich gwylio, ond mae yna sylwebwyr adref, yn yr ysgol, ar y stryd, oll yn nodi sut yr ydych yn ymddwyn. Os ydych yn dweud eich bod yn Gristion, mae'n debyg iawn i wisgo lliwiau tîm arbennig. Bydd eich teulu, eich ffrindiau a phawb y byddwch yn dod ar eu traws yn eich gwylio gan eu bod yn disgwyl ymddygiad o safon arbennig gennych. Os ydych yn gwneud neu'n dweud rhywbeth nad oes disgwyl i Gristion ei wneud/ddweud, bydd pobl yn siŵr o ddweud wrthych yn fuan iawn! Ceisiwch blesio'ch Capten, yr Arglwydd Iesu Grist.

"...yr wyf yn dal i gyfrif pob peth yn golled, ar bwys rhagoriaeth y profiad o adnabod Crist Iesu fy Arglwydd,..."
(Philipiaid 3:8)

ACHUBWYD

Cymorth Gweledol:

Cerdyn Aelodaeth yr A.A. neu'r R.A.C.

Yn ddiweddar, euthum â'r teulu allan am dro i'r wlad yn y car. Roedd popeth yn mynd yn dda nes, yn sydyn, heb rybudd, torrodd y car i lawr. Es allan, codi'r bonet a syllu ar yr injan. Doedd gen i ddim syniad beth oedd o'i le. Dydw i ddim yn gwybod rhyw lawer am geir ac felly doedd gen i ddim syniad beth i'w wneud.

Yna, cofiais fy mod i'n aelod o'r R.A.C. Roedd y cerdyn yn fy waled yn dweud y gallwn ffonio am gymorth ac y byddai'r alwad honno yn rhad ac am ddim. Estynnais am fy ffôn symudol a chefais wybod y byddai cymorth gyda mi yn fuan iawn.

Ar ôl rhyw ugain munud cyrhaeddodd fan yr R.A.C., daeth y mecanig o hyd i'r broblem ac roeddem ar ein ffordd adref yn fuan iawn.

Mae yna wers inni yma. Yn ystod ein bywydau, mae pawb yn cyrraedd pwynt pan fyddwn yn teimlo fod rhywbeth o'i le. Rydym yn edrych ar ein sefyllfa ac yn teimlo na allwn fynd ymlaen fel hyn ac ni allwn wneud dim yn ei gylch.

Dywed y Beibl wrthym, pe byddem yn galw ar Dduw a throii ato Ef mewn gweddi – ni fyddai'n costio dim i ni. Mae Ef yn addo ateb ein gweddi. Efallai y bydd rhaid i ni aros, ond bydd Ef yn ein helpu. Gadawodd dyn yr R.A.C. wedi iddo drwsio'r car, ond nid yw Duw byth yn ein gadael, ond yn ein danfon adref yn ddiogel.

Dywedodd Iesu:

"Gofynnwch, ac fe roddir i chi; ceisiwch, ac fe gewch…"
(Mathew 7:7)

"A beth bynnag oll y gofynnwch amdano mewn gweddi, os ydych yn credu, fe'i cewch."
(Mathew 21:22)

DIWRNOD GLAWOG

Cymorth Gweledol:

Dwy Ymbarél - y ddwy wedi'u plygu'n dynn fel na ellir gweld fod un wedi'i rhwygo a bod y ffrâm wedi torri.

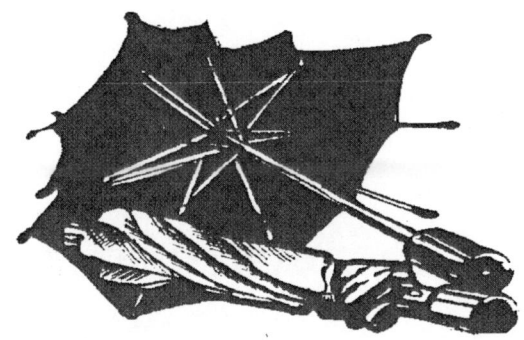

Rydych chi gyd yn gwybod beth yw'r rhain. Yn ein gwlad ni, rydym yn cael cryn dipyn o law. Gwelir pobl yn cario ymbaréls yn aml - hyd yn oed pan nad yw hi'n bwrw glaw. Rydym wedi dysgu i fod yn barod am ddiwrnod glawog.

Mae yna, fodd bynnag, ystyr arall i'r dywediad 'diwrnod glawog'. Rydym yn cynilo arian ar gyfer y dyfodol rhag ofn y bydd ei angen. Rydym yn paratoi ar gyfer 'diwrnod glawog'.

Nawr, agorwch y ddwy ymbarél. Byddai'r gyntaf yn anobeithiol yn eich amddiffyn rhag y glaw. Pe baech yn cario hon, byddech yn cael eich siomi pan fyddech ei hangen.

Mae'r ddwy ymbarél yma'n debyg iawn i ffydd person. Mae pawb yn credu neu'n ymddiried yn rhywbeth. Gall fod yn iechyd, neu'n gyfoeth neu'n allu. Mae'r rhain, yn syml, yn ymddiried ynddyn nhw eu hunain a chanddynt ffydd yn yr hyn a gyflawnwyd ganddynt a'r da a wnaethant. Ydy'r rhain yn ddigon mewn gwirionedd neu a fydd yn debycach i agor yr ymbarél sydd wedi torri ar ddiwrnod glawog?

Dysga'r Beibl inni mai dim ond un gwir le sydd inni roi ein ffydd; dim ond Un y gallwn ymddiried ynddo. Yr Arglwydd Iesu Grist ydyw, ac mae Ef yn addo na wnaiff byth ein siomi pan fyddwn ei angen.

"Paid ag ofni, yr wyf fy gyda thi; paid â dychryn, myfi yw dy Dduw. Cryfhaf di a'th nerthu, cynhaliaf di â llaw dde orchfygol."
(Eseia 41:10)

CHWILAIR

Cymorth Gweledol:

Cerdyn mawr gyda'r 'Chwilair' canlynol arno.

T	I	S	N	P	C	M	A	R	H
S	L	D	E	T	R	D	C	B	L
W	Y	L	R	J	E	G	U	S	E
H	P	E	CH	O	D	I	R	O	M
D	U	J	F	FF	U	W	LL	R	S
N	E	F	O	E	DD	T	F	I	O
L	R	P	G	S	I	L	S	F	P
I	D	T	I	B	G	R	O	G	I
S	Y	G	W	A	R	E	D	W	R
DD	C	W	H	E	O	CH	C	N	FF

Rwy'n siŵr bod nifer ohonoch wedi gwneud chwilair fel hwn. Wrth edrych arno yn gyntaf, mae'n edrych fel pentwr o lythrennau. Ond os edrychwch yn fanwl, fodd bynnag, mae yna bum gair pwysig ynddo.

Gair pum llythyren yw'r cyntaf - PECHOD. Mae popeth drwg yn ein bywydau ac yn ein byd wedi eu hachosi gan bechod. Mae popeth, fel y chwilair hwn, yn ddryslyd ac nid yw'n gwneud synnwyr. Mae'r Beibl yn dysgu bod angen i ni, yn gyntaf, weld bod pechod ym mhopeth.

Yr ail air yw SORI. Onid ydym yn sori pan fyddwn yn gwneud rhywbeth drwg? Os ydym, mae hyn yn gam tuag wneud pethau'n iawn eto.

Y gair nesaf yn y chwilair yw, GWAREDWR. Anfonodd Duw Ei Fab, Iesu Grist, i'r byd i'n hachub, hynny yw, mae Ef yn barod i faddau inni am yr holl bethau drwg a wnaethom.

Os ydym yn CREDU (sef y pedwerydd gair) ynddo Ef, bydd Ef yn cymryd y dryswch a gallwn ddechrau byw bywydau sy'n plesio Duw.

Mae Ef yn addo NEFOEDD i ni (y pumed gair) a bywyd tragwyddol.

"A hyn yw bywyd tragwyddol; dy adnabod di, yr unig wir Dduw, a'r hwn a anfonaist ti, Iesu Grist."
(Ioan 17:3)

CRYFDER CUDD

Cymorth Gweledol:

1. Darn o ISGARPED.
2. Tun o ISBAENT.
3. Tun o IS-SÊL car.

Dyma dun o baent gyda'r gair 'ISBAENT' arno. Pan fyddwn yn peintio unrhyw waith coed, byddai'n ddoeth i roi un neu ddwy gôt o hwn ymlaen yn gyntaf. Yna, pan fydd yn sych, rhoddir côt o baent glos drosto. Os yw'r gwaith coed tu allan, bydd yn para'n well os yw wedi ei drin gyda'r isbaent yn gyntaf.

Mae'r ail dun hwn yn cynnwys IS-SÊL. Faint ohonoch chi sy'n gwybod pam y defnyddir hwn? Mae'n debyg i baent, ond rhoddir ef ar waelod car. Mae'n amddiffyn y car rhag cyrydiad a rhwd.

Yn olaf, dyma ddarn o ddefnydd rwber a adnabyddir fel ISGARPED. Pan fyddwch yn cael carped newydd adref, fel rheol, rhoddir hwn ar lawr yn gyntaf. Nid yn unig y mae'n gwneud i'r carped deimlo'n brafiach, ond mae'n helpu'r carped rhag gwisgo cymaint.

Nid ydym yn gweld yr isbaent, yr is-sêl o dan y car na'r isgarped.

Nid yw'r Cristion yn edrych yn wahanol i'r person digrefydd, ond mae ganddo ef /ganddi hi rywbeth na ellir ei weld sy'n ei g/alluogi i wynebu stormydd bywyd yn well. Mae Duw'n rhoi cryfder cudd.

"Yr ARGLWYDD yw fy nerth a'm cân…"
(Exodus 15:2)

"Yr wyf yn diolch i Grist Iesu ein Harglwydd, yr hwn a'm nerthodd …"
(1 Timotheus 1:12)

"…bydd Duw pob gras, … yn eich gwneud yn gymwys, yn gadarn, yn gryf ac yn ddiysgog."
(1 Pedr 5:10)

Y DYSGWR

Cymorth Gweledol:

1. Set o blatiau 'D'.
2. Copi o Reolau'r Ffordd Fawr.

Pan fod pobl yn rhoi'r platiau hyn ar du blaen ac ar gefn eu ceir? Mae'n golygu fod y gyrrwr yn ddysgwr. Mae'r hyfforddwr sy'n ei ddysgu i yrru yn eistedd wrth ei ymyl yn y car. Mae'r athro'n adnabod y ffordd, gan ei fod wedi bod y ffordd hon o'r blaen. Gall ofyn i'w ddisgybl droi i'r dde neu i'r chwith, i wrthdroi, neu hyd yn oed stopio, fel y gall siarad ag ef/hi neu egluro rhywbeth wrtho/i.

Rheolau'r Ffordd Fawr yw canllaw'r gyrrwr, sy'n cyflwyno'r gyfraith a rheolau'r ffordd. Rhaid i'r disgybl astudio a dysgu'r rhain.

Mae pob Cristion yn ddysgwr ac nid yw byth yn stopio bod yn ddysgwr. Mae'r hyfforddwr gyrru yn gadael ei ddisgybl wedi iddo basio ei brawf gyrru. Iesu Grist yw hyfforddwr neu athro'r Cristion a'r Beibl yw ei ganllaw. Yn ogystal â rhoi cyfraith Duw i ni, mae'n ein cysuro na fydd Iesu byth yn ein gadael nes inni gwblhau taith bywyd a'n bod wedi ein harwain adref yn ddiogel.

"Hyfforddaf di a'th ddysgu yn y
 ffordd a gymeri;
fe gadwaf fy ngolwg arnat."
(Salm 32:8)

FFUGIO

Cymorth Gweledol:

Papurau £20, £10 a £5 (cymharol newydd)

Gwelwyd y penawdau hyn mewn papur dyddiol yn ddiweddar:

"Miloedd o bunnau o arian ffug yn cylchredeg yn Ne Cymru".

Dywedodd yr heddlu fod papurau £5, £10 ac £20 ffug yn cylchredeg. Mae'r papurau'n ddi-werth a gofynnwyd i bobl wirio eu waledi a phyrsiau am bapurau o'r fath a'u cyflwyno i'w gorsaf heddlu agosaf.

Yn aml, mae'r ffugiad yn effeithiol iawn, hynny yw, mae llawer o bobl yn cael eu twyllo i feddwl fod ganddynt arian go iawn. Gofynnir i bawb fod yn ofalus iawn ac mae Banc Lloegr wedi cyhoeddi cyngor i'r cyhoedd i'w cynorthwyo i adnabod papurau ffug.

1. Dylai papurau arian fod yn gras ac nid yn llipa – dylai'r llythrennau deimlo'n amlwg, yn enwedig os yw'r papur yn newydd.
2. Bydd y marc dŵr yn amlwg wrth godi'r papur i fyny tua'r golau.

3. Mae llinell ddotiog lliw arian yn rhedeg drwy'r papur, sy'n newid yn llinell lawn (di-dor) wrth ei ddal i fyny i'r golau.

4. Print clir o safon uchel.

Yn olaf, rhybuddiodd yr heddlu na fyddai pobl sydd â phapurau ffug yn gallu ymgeisio am iawndal – ond, bod pasio'r papurau yn eu blaen yn drosedd.

Sut allwn ni ddweud os yw ein ffydd yn ddilys? Os ydym yn honni bod yn Gristion, dylai ein ffydd fod yn ddilys pan gaiff ei ddal i fyny tuag at olau Gair Duw.

Dywed y Salmydd:

"Chwilia fi, ARGLWYDD, a phrofa fi, rho brawf ar fy nghalon a'm meddwl."
(Salm 26:2)

"Profwch eich hunain i weld a ydych yn y ffydd; chwiliwch eich hunain. Onid ydych yn sylweddoli bod Iesu Grist ynoch chwi? – a chaniatáu nad ydych wedi methu'r prawf."
(2 Corinithiaid 13:5)

Y SÊLS

Cymorth Gweledol:

Slipiau o bapur neu gerdyn gyda'r geiriau canlynol arnynt:
SÊL, HANNER PRIS, BARGEINION, BRYSIWCH ac ati.

Yn ystod cyfnodau arbennig o'r flwyddyn, ceir cynnydd mawr mewn traffig a'r nifer o bobl sy'n mynd i'r siopau yn y dref. Mae Sêl mis Ionawr ymlaen, neu mae Sêl mis Gorffennaf wedi cychwyn!

Mae pobl yn brysio yma ac acw, yn ciwio tu allan i siopau cyn i'r drysau agor – yn edrych am y fargen orau. Mae hi mor hawdd i chi gael eich dal yng nghanol y cynnwrf, gan ein bod yn cael ein hatgoffa'n aml fod y sêl ar fin gorffen.

Mae'n ddiddorol cymharu sut mae'r byd yn gweithio a sut y mae Duw'n gweithio. Mae sêls yn llawn brys, sŵn, prysurdeb ac yn aml siomedigaeth. Mae Duw bob amser yn gweithio'n dawel. Nid yw byth yn cael sêl. Mae'r hyn y mae Duw'n ei gynnig yn rhad ac am ddim ac ar gael trwy gydol y flwyddyn.

Costiodd ei dosturi a'i faddeuant tuag atom yn ddrud, ond mae Ef yn eu rhoi yn rhydd i bawb sy'n gofyn.

"Nid arbedodd Duw ei Fab ei hun, ond ei draddodi i farwolaeth trosom ni oll. Ac os rhoddodd ei Fab, sut y gall beidio â rhoi pob peth i ni gydag ef?"
(Rhufeiniaid 8:32)

DIFFYGION

Cymorth Gweledol:

1. Bat criced a/neu bêl.
2. Raced denis a/neu bêl.

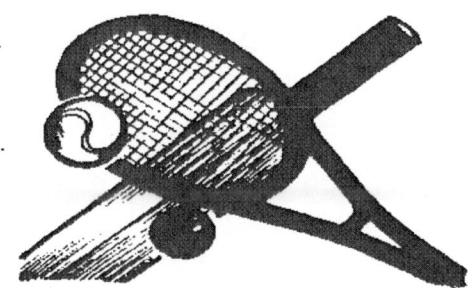

Sawl un ohonoch chi sy'n chwarae criced?
Faint ohonoch chi sy'n gwybod rheolau'r gêm?

Tybed a fedrwch chi ddweud wrtha i sawl ffordd sydd o wahardd batiwr, hynny yw, cael ei roi allan mewn gêm o griced?

Weithiau, mae'n amlwg i bawb fod ei fatiad drosodd, e.e. pan gaiff ei fowlio allan yn glir neu ei ddal allan ar y ffin. Bydd hefyd yn sylweddoli ei bod hi'n amser iddo fynd os caiff ei redeg allan wrth iddo fod sawl metr allan o'i gris. Efallai bod derbyn 'dal allan' pan fod cysylltiad rhwng bat a phêl yn un bychan iawn, neu weld y dyfarnwr yn codi ei fys pan gaiff ei redeg allan gan ffracsiwn o gentimedrau, yn anoddach i fatiwr ei dderbyn.

Mae'r rheolau'n parhau i ddweud 'ALLAN'.

Os, fodd bynnag, bod gennych ddiddordeb mewn tenis, gwyddoch ei bod hi'n ffawt os yw chwaraewr yn taro'r bêl i mewn i'r rhwyd neu allan o'r cwrt. 'FFAWT' hefyd yw'r alwad os yw'r bêl yn glanio oddeutu milimedr y tu hwnt i'r llinell.

Mae'r Beibl yn cynnwys côd o reolau a osodwyd gan Dduw. Fe'u gelwir y Deg Gorchymyn. Rydym yn gwybod fod rhywun sy'n lladd neu'n dweud celwydd neu'n dwyn yn euog o dorri Cyfraith Dduw, ond dywedodd Iesu fod yr un sy'n casáu ei frawd yn llofrudd. Pwy all fod yn ddieuog os yw ein meddyliau yn ein condemnio?

Dywed y Beibl:

"Ie, pawb yn ddiwahaniaeth, oherwydd y maent oll wedi pechu, ac yn amddifad o ogoniant Duw."
(Rhufeiniaid 3:23)

Gall y Cristion, fodd bynnag, lawenhau am ei fod yn gwybod y caiff ei bechodau eu maddau trwy Iesu Grist.

Y RHODD GYWIR

(Addas ar gyfer adeg y Nadolig)

Cymorth Gweledol:

Pedair rhodd fechan wedi'u lapio a'u labelu –
un yr un i Mam, Dad, Sion a Mari.

Mae pawb yn edrych ymlaen at y Nadolig. Mae'n gyfnod o roi a derbyn rhoddion. Weithiau, nid yw'r rhodd a agorwn yr hyn yr oeddem wedi gobeithio ei dderbyn, neu ei eisiau!

Mae gen i bedair rhodd yma wedi'u lapio mewn papur Nadoligaidd del. Mae hon yn dweud "I Dad". Beth am ei hagor? Dyna ryfedd, mwclis dynes ydyw. Dydw i ddim yn meddwl y gwnaiff dad ei gwisgo.

Mae'r ail "I Mam" – potel o eli eillio! Mae pwy bynnag a lapiodd y rhoddion hyn wedi cymysgu'r labeli.

Do, cafodd Sion ddol a Mari gar rasio bychan.

Mae'n reit ddoniol pan fydd sefyllfa fel hon yn codi, ond mae rhywbeth y gallwn ddysgu ohoni hefyd. Mae hi'n bwysig pan fyddwn yn rhoi rhodd i rywun ein bod yn rhoi rhywbeth y byddant yn ei hoffi a'i werthfawrogi. Rydym yn ceisio rhoi rhodd gywir neu addas.

Dywed y Beibl fod Duw yn caru'r byd hwn gymaint nes iddo Ef roi Ei unig Fab. Dyma oedd rhodd addas Duw, nid yn unig ar gyfer Mam, Dad, Sion a Mari – ond i bob enaid ar y blaned hon. Bydd llawer o bobl yn dweud nad ydynt eisiau'r rhodd hon – ond mae yna rywbeth, neu'n hytrach, Rywun, yr ydym oll ei angen.

Ysgrifennodd y Proffwyd Eseia, gannoedd o flynyddoedd cyn geni Iesu ym Methlehem:

'Canys bachgen a aned i ni, mab a roed i ni ...Fe'i gelwir, "Cynghorwr rhyfeddol, Duw cadarn, Tad bythol, Tywysog heddychlon".'
(Eseia 9:6)

Sut all unrhyw un wrthod y fath Rodd?

LLYGREDD

Cymorth Gweledol:

Potel yn cynnwys olew budr
(cadwch ychydig o hen olew o'r swmp
wrth newid olew'r car)

Yn ystod Gwyliau'r Haf, mae llawer ohonom yn mwynhau ymweld â lan y môr. Pan oeddwn yn blentyn, roeddwn wrth fy modd yn archwilio'r creigiau ar ôl i'r llanw fynd allan. Mae cymaint o bethau diddorol i'w gweld: crancod, berdysyn bach, gwyddau môr ac ati.

Yn anffodus, fodd bynnag, heddiw gwelir rhywbeth arall yn llawer rhy aml ar ein traethau; sef - olew. Mae'n ddu ac yn llysnafeddog ac yn dinistrio harddwch naturiol yr arfordir. Mae wedi ei ollwng yn anghyfreithlon gan dancer sy'n teithio heibio, neu efallai ei fod yn ganlyniad i drychineb anffodus ar y môr. Mae'r olew yn dinistrio bron iawn y cyfan y mae'n ei gyffwrdd.

Un o'r golygfeydd tristaf yw gweld aderyn y môr wedi'i orchuddio ag olew. Ar ôl gollyngiad olew sylweddol yn ddiweddar, casglodd cynorthwywyr nifer o adar a effeithiwyd er mwyn ceisio eu hachub. Canfuwyd, er y gallwyd golchi eu plu sawl tro gyda glanedyddion, bu farw nifer o'r adar. Y rheswm am hyn oedd bod yr adar wedi ceisio glanhau eu hunain drwy bincio eu plu. Wrth wneud hynny, roeddent yn llyncu llawer o'r olew ac felly roedd yr olew du yma ynddyn nhw.

Mae yna wers i ni yma. Mae creadigaeth brydferth Duw wedi ei llygru gan bechod. Fel yr olew, mae'n effeithio ar bopeth a gyffyrdda. Daeth â marwolaeth i bopeth byw. Mae dyn yn ceisio'n ofer i lanhau ei hun. Fel yr aderyn, mae'n ceisio pincio ei hun drwy wneud pethau da neu garedig fel ei fod yn edrych yn iawn yn allanol. Yn anffodus, mae ei galon yn ddu, ac os nad yw'n gweld ei angen i gael ei lanhau yn fewnol – nid oes gobaith iddo.

"Crea galon lân ynof, O Dduw, rho ysbryd newydd cadarn ynof."
(Salm 51:10)

CHWARAE CONCERI

Cymorth Gweledol:

Cwpwl o gonceri gyda llinyn drwyddyn nhw
(os yw'n bosibl, dylid cael y gragen werdd bigog
y mae concyr yn ffurfio ynddi)

Rwy'n siŵr eich bod chi gyd yn gwybod beth yw'r rhain. Bydd yr hogiau, yn enwedig, yn gwybod popeth am chwarae conceri a sut i wneud conceri'n galed iawn.

Mae conceri yn tyfu ar goed – ond dim ond ar un math o goeden. Nid oes pwrpas edrych ar goeden afalau neu goeden dderw, gan fod conceri ond yn tyfu ar goed castanwydden.

Yn hwyr yn yr Hydref, mae coed castanwydden wedi'u gorchuddio â ffrwythau sydd â chregyn crwn gwyrdd pigog. Ynddyn nhw, petaech yn agor un, ceir concyr ifanc, meddal a thyner.

Defnyddir gwahanol ffyrdd i galedu conceri:
1.	Eu gosod mewn finegr;
2.	Eu pobi'n araf mewn popty;
3.	Eu cadw am flwyddyn …

Wyddoch chi fod stori'r concyr fel ffydd Gristnogol person? Gall pobl chwilio mewn llawer o fannau, ond dim ond mewn un man y gellir ei ganfod. Bu farw Iesu Grist ar y groes - a gaiff ei galw'n aml yn Goeden Calfaria. Pan ddowch yn Gristion ifanc, gall Duw gryfhau eich ffydd mewn sawl ffordd. Mae hanes yr Eglwys Gristnogol ar hyd yr oesoedd yn rhoi straeon arbennig am bobl Dduw a sut y cryfhawyd eu ffydd:

1.   Profodd rhai brofiadau chwerw iawn;
2.   Eraill yn profi treialon tanllyd;
3.   Dywedodd Duw ar achlysuron eraill, "ARHOSWCH", a gall hyn fod y prawf anoddaf ohonynt i gyd.

"...ond y mae'r rhai sy'n disgwyl wrth yr ARGLWYDD yn adennill eu nerth;..."
(Eseia 40:31)

GWYBOD AM Y DYFODOL

Cymorth Gweledol:

1. Baromedr
2. Copi o *Radio Times*
3. Taflen neu bamffled sy'n dweud
"Beth sydd ymlaen" yn y dref neu'r ddinas.

Rydym bob amser eisiau gwybod beth sydd gan y dyfodol i'w gynnig i ni. Mae gan lawer o bobl faromedr fel hwn yn eu cartrefi gan ei fod yn darogan y tywydd yfory. Mae'r teledu'n cynnig digon o ragolygon tywydd trwy gydol y dydd. Weithiau, maent yn edrych i'r dyfodol gan roi 'rhagolygon hir dymor'.

Mae'r *Radio Times* yn rhestru'r holl raglenni teledu a radio sydd i ddod fel y gallwn gynllunio ein gwylio neu wrando ar gyfer heno, yfory neu weddill yr wythnos nesaf.

Os ydych yn byw gerllaw tref neu ddinas, gellwch gael gafael ar bamffled neu daflen fel hon sy'n eich hysbysu am y pethau sydd ymlaen yn ystod yr wythnosau sydd i ddod. Rhestrir cyngherddau, amrywiol chwaraeon ac ati.

Rydyn ni gyd eisiau gwybod am y pethau hyn gan ein bod yn hoffi cynllunio ymlaen. Dim ond canran fechan o'r dyfodol y gallwn ei weld ac nid ydym yn siŵr ohono chwaith! Pa mor aml y mae'r rhagolygon tywydd yn gwbl anghywir? Mae'r gêm arbennig neu'r gyngerdd wedi'i chanslo neu ei gohirio ar y funud olaf.

Dim ond Duw sy'n gwybod y dyfodol – dim ond Ef yn unig sy'n dal allweddi anwybod. Efallai ein bod am wybod y dyfodol, ond mae'n llawer pwysicach i adnabod ein Harweinydd. Iesu Grist yw Gwaredwr ac Arweinydd y Cristion.

"Dyma Dduw! Y mae ein Duw ni hyd byth bythoedd, fe'n harwain yn dragywydd."
(Salm 48:14)

YR OFFER ANGHYWIR

Cymorth Gweledol:

Set o offer pêl-fas: Bat, pêl, cap, maneg
(Dylid adrodd y stori hon yn union cyn neu wedi
gêm rygbi bwysig)

Faint ohonoch chi welodd y gêm rygbi ddydd Sadwrn? Pwy, yn eich barn chi, oedd y chwaraewr gorau ar y cae? Dychmygwch fy mod i wedi cael fy newis i chwarae ac wedi penderfynu defnyddio'r bêl hon. Beth petawn i'n rhedeg ar y cae yn gwisgo'r cap hwn – mae'n un smart iawn! Fues i 'rioed yn un da am ddal, felly tybiais y byddai'n syniad gwisgo'r faneg fawr hon. Roedd rhai o'r blaenwyr yna'n edrych yn fawr iawn ac yn ffyrnig; beth petawn i'n eu taro nhw gyda'r bat yma?

Ni fyddwn yn cael chwarae! Byddwn yn cael fy ngwthio oddi ar y cae cyn i'r gêm ddechrau hyd yn oed. Pam? Mae pawb yn gwybod na allwch greu eich rheolau eich hun. Ni allwch chwarae rygbi gydag offer pêl-fas. Mae gan bob gêm ei set o reolau caeth ei hun.

Rwy'n gwybod na fyddai'r uchod byth yn cael ei ganiatáu, ond cyn belled â bod Duw yn y cwestiwn, mae pobl yn ceisio gwneud hynny o hyd. Mae'r Beibl, sef Gair Duw, yn cynnwys rheolau Duw ynglŷn â sut y dylem fyw. Yn hytrach na'u dilyn, rydym yn ceisio'u newid.

"Dyma dwi'n ei feddwl".
"Cyn belled nad ydych chi'n brifo neb".
"Byddwch yn garedig i eraill a thalwch bawb yr hyn sydd arnoch iddynt." ac ati.

Dyma reolau y clywch chi bobl yn eu gosod i'w hunain fel safonau ar gyfer bywyd. Hynny yw, nid ydynt eisiau gwybod beth sydd gan y Beibl i'w ddweud – ond yn hytrach, creu eu rheolau eu hunain.

Dywedodd Iesu:

"'Câr yr Arglwydd dy Dduw â'th holl galon ac â'th holl enaid ac â'th holl feddwl". Dyma'r gorchymyn cyntaf a'r pwysicaf.'
(Mathew 22:37, 38)

YR ANRHEG

Cymorth Gweledol:

Eitem a brynwyd gennych yn ddiweddar,
e.e. eilliwr trydanol, sychwr gwallt, camera ac ati,
gyda derbynneb, llyfryn cyfarwyddiadau a gwarant.

Ydych chi'n hoffi fy anrheg newydd i? Rydw i wedi bod eisiau un o'r rhain erioed. Byddaf yn siŵr o ofalu amdano.

Rydw i eisiau dangos i chi beth ddaeth gydag ef.

1.   Dyma'r DDERBYNNEB sy'n dangos fod rhywun wedi talu amdano. Mae hefyd yn rhoi enw'r siop lle y prynwyd ef.
2.   Mae'r gwneuthurwr hefyd wedi cynnwys llyfryn o gyfarwyddiadau sy'n egluro'n union sut y dylwn ddefnyddio'r eilliwr / camera / sychwr gwallt. Mae'n bwysig darllen a dilyn y cyfarwyddiadau i gael y canlyniad gorau.
3.   Y trydydd peth yw'r WARANT. Mae'r gwneuthurwr yn ei warantu am ddwy flynedd - ond nid yw'n gwarantu dim wedi hynny.

Mae yna neges yma i ni.

Mae Duw wedi rhoi rhodd i ni. Iachawdwriaeth drwy Iesu Grist Ei Fab. Talwyd yn ddrud am y rhodd ar Galfaria.

Mae hefyd wedi darparu llyfr o gyfarwyddiadau ar ein cyfer. Y Beibl. Os ydym yn dilyn yr hyn a roddodd Duw yn Ei Air, byddwn yn iawn, byddwn yn tyfu fel Cristnogion.

Yn olaf, ceir gwarant – nid am ddwy flynedd neu ddeg hyd yn oed. Mae'r rhodd hon am byth.

"… rhoi yn rhad y mae Duw, rhoi bywyd tragwyddol yng Nghrist Iesu ein Harglwydd."
(Rhufeiniaid 6:23)

CREU O'R NEWYDD

Cymorth Gweledol:

1. Potel blastig, bagiau plastig, can diod;
2. Potel a jar gwydr, papurau newydd;
3. Cerdyn ag arwydd arno.

Tybed a fedrwch chi ddweud wrtha i beth sydd gan y rhain yn gyffredin – cynwysyddion plastig, poteli gwydr a jariau, hen bapurau newydd ac ati. Efallai y byddech yn dweud eu bod nhw i gyd yn sbwriel, ac mae hynny'n wir. Mae yna, fodd bynnag, rywbeth arall amdanynt. Gellir AILGYLCHU pob un ohonynt. Golyga hyn y gellir eu prosesu a'u hail-greu. Mewn nifer o ddinasoedd yn ein gwlad, ceir canolfannau sy'n derbyn pob math o ddeunyddiau gwastraff fel hyn ac yn eu creu'n blastig newydd, gwydr newydd, a phapur newydd. Yn lle'u taflu i domen sbwriel, cânt eu gwneud yn ddefnyddiol unwaith eto.

Mewn ffordd, dyma y gall Duw ei wneud â ni. Ni fyddem yn ystyried ein hunain yn sbwriel, ond ni allwn fod yn ddefnyddiol iddo Ef nes Iddo ein gwneud ni'n newydd. Ceir darn yn y Beibl sy'n dweud –

"Felly, os yw rhywun yng Nghrist, y mae'n greadigaeth newydd…"
(2 Corinthiaid 5:17)

Pan fyddwn yn credu yn Iesu Grist, mae'n ein gwneud ni'n newydd a'r peth arbennig am hyn yw ein bod ni'n newydd am byth!

HELP!

Cymorth Gweledol:

Larwm personol.

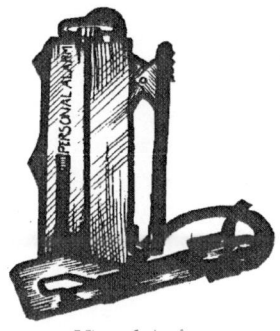

Heddiw, rydym yn byw mewn byd o sŵn. Ydych chi wedi stopio i wrando ar yr holl synau sydd o'n cwmpas? Traffig, driliau, awyrennau, radios uchel, ac ati.

Sŵn cyffredin iawn mewn dinasoedd a threfi'r dyddiau hyn yw larymau ceir. Rwy'n siŵr bod pob un ohonoch wedi clywed larwm car. Ceir hefyd larymau siopau, larymau tai a hyd yn oed larymau personol fel hyn. Beth am i ni glywed un?

Mae'r holl larymau hyn yn gwneud synau uchel, yn y gobaith y bydd rhywun yn eu clywed ac yn helpu. Yn aml iawn, y peth trist yw, pan fydd larwm yn canu does neb yn cymryd sylw!

Pan fo Cristion mewn trwbl, mae'n troi at yr Un sydd bob amser yn ei glywed ac yn helpu. Nid oes angen iddo wneud sŵn mawr gan fod Duw yn clywed y gri ddistawaf.

Ysgrifennodd y Salmydd yn yr Hen Destament:

"Daw fy nghymorth oddi wrth yr ARGLWYDD, creawdwr nefoedd a daear."
(Salm 121:2)

"Y mae Duw yn noddfa ac yn nerth i ni, yn gymorth parod mewn cyfyngder."
(Salm 46:1)

PENAWDAU

Cymorth Gweledol:

Unrhyw hen bapur(au) newydd sydd â
phenawdau dramatig.

Tybed fedrwch chi ddweud wrtha i beth yw teitl fy sgwrs i heddiw?

Dyma ychydig o gliwiau i chi:
1. Gellwch eu creu
2. Gellwch eu taro
3. Gellwch eu darllen.

PENAWDAU ydyn nhw - sef y llythrennau breision sydd i'w gweld ar dudalen flaen pob papur newydd, neu'r prif faterion ar newyddion y teledu neu'r radio. Rydych wedi clywed y darllenydd newyddion yn dweud: "Dyma Benawdau'r Newyddion am heddiw".

Mae gen i bapur newydd yma gyda phenawdau mawr. Pam na fyddai gan bobl ddiddordeb yn y penawdau hyn? Mae'r papur yn hen ac mae'r newyddion wedi dyddio.

Gallwn feddwl am benawdau newyddion a oedd yn bwysig iawn pan gyhoeddwyd nhw am y tro cyntaf. Dyma rai enghreifftiau:

Napoleon yn marw ar Sant Hailena (1821)
Dinas Caerdydd yn ennill Cwpan yr F.A. (1927)
Alexander Flemming yn darganfod penisilin (1928)
Dyn yn cerdded ar y lleuad (1969)

Mae'r Efengyl yn Newyddion Da a'r penawdau yw bod Duw yn Dduw cariad. Mae Ef hefyd yn fodlon maddau pawb sy'n edrych amdano Ef ac yn credu yn Ei Fab Iesu Grist.

Nid yw'r newyddion hwn byth yn dyddio! Mae penawdau'r Beibl ynglŷn â'n Tad Nefol a'i Fab ein Gwaredwr, mor berthnasol heddiw ag erioed.

"Iesu Grist, yr un ydyw ddoe a heddiw ac am byth".
(Hebreaid 13:8)

ESGEULUSTOD

Cymorth Gweledol:

Unrhyw declynnau neu offer sydd wedi eu hesgeuluso, e.e.
1. Brwsh paent sydd wedi caledu
2. Morthwyl sydd â'i ben yn rhydd
3. Llif wedi rhydu.

Ydych chi'n gwybod beth ydy 'dyn trwsio pob peth' (*handyman*)?

Mae'n help mawr os ydy eich tad, neu'ch brawd hŷn efallai, yn ddefnyddiol o gwmpas y tŷ. Mae'n golygu ei fod yn ddefnyddiol iawn yn creu a thrwsio pethau - neu'n gwneud mân jobsys gartref.

Yn anffodus, dydw i ddim yn ddefnyddiol iawn o gwmpas y tŷ. Penderfynais beintio ychydig y penwythnos diwethaf. Dyma fy mrwsh paent. Beth sydd o'i le arno? Nid oeddwn wedi ei olchi ar ôl ei ddefnyddio y tro diwethaf, felly mae wedi caledu'n gorcyn.

Roeddwn i hefyd wedi bwriadu llifio ychydig o goed, ond doedd fy llif i ddim yn llifio'n dda iawn. Pam? Am fy mod i wedi ei gadael mewn sied laith ac mae hi wedi rhydu.

Roedd ffens yr ardd angen ychydig o hoelion i'w chryfhau hi cyn gwyntoedd y gaeaf, ond roedd pen y morthwyl yn disgyn i ffwrdd o hyd.

Dyna anobeithiol!

Mae yna un gair i ddisgrifio'r cyfan – ESGEULUSTOD.

Rydyn ni gyd yn euog o esgeuluso pethau. Gellwch esgeuluso'r hyn y mae eich athro yn gofyn i chi ei wneud; esgeuluso gwneud eich gwaith cartref! Efallai y bydd oedolyn yn esgeuluso cyngor meddyg.

Fodd bynnag, mae yna ochr mwy difrifol i'r sgwrs hon.
Mae'r rhan fwyaf o bobl heddiw wedi esgeuluso Duw.
Nid ydynt yn darllen y Beibl.
Nid ydynt yn gweddïo.
Nid ydynt yn mynychu'r Eglwys mwyach.

Mae Duw, trwy Ei gariad, wedi darparu ffordd fel y gallwn ddod o hyd Iddo a dod i'w adnabod Ef. Y ffordd ydy trwy gredu ac ymddiried yn Ei unig Fab, Iesu Grist.

Gofynna'r Beibl:

"...pa fodd y dihangwn ni, os esgeuluswn iachawdwriaeth a gafodd ei chyhoeddi gyntaf drwy enau'r Arglwydd..."
(Hebreaid 2:3)

PASIO'R PRAWF

Cymorth Gweledol:

1. Tystysgrif M.O.T.
2. Copi cwsmer o'r ffurflen a gyhoeddir
pan fo cerbyd yn methu'r prawf.

Sawl blwyddyn dybiwch chi y byddwch chi yn yr ysgol? Yn ystod y cyfnod hwnnw byddwch yn cael nifer o brofion ac arholiadau i weld pa mor dda yr ydych wedi dysgu'r gwahanol bynciau. Yn y diwedd, byddwch yn derbyn tystysgrif debyg i hon.

Nid tystysgrif a gyflwynir i fachgen neu ferch yn yr Ysgol yw hon. Tystysgrif Prawf M.O.T. ydyw. Oes unrhyw un yn gwybod beth yw ystyr M.O.T.?

Pan fo car wedi cyrraedd oed arbennig (3 mlwydd oed ydyw ar hyn o bryd), mae'n rhaid iddo basio prawf i sicrhau ei fod yn ddiogel i'w yrru ar y ffordd.

Ar y daflen hon ceir rhestr o holl ddarnau'r car a brofwyd:

Offer goleuo .... Pasio
Llyw a Hongiad .... Pasio
Brêcs .... Pasio
Teiars ac Olwynion .... Pasio

Ac ati.

Dyna gar da!

Yna ar waelod y daflen mae'n dweud:

System Disbyddu .... Methu

Un nam bychan ac mae'r car cyfan wedi methu'r prawf. Bu'n rhaid i'r garej drwsio'r nam cyn i mi allu derbyn y dystysgrif.

Wyddoch chi fod Duw wedi rhoi Deg Gorchymyn i ni yn y Beibl? Pe byddem yn cael ein profi i weld a ydym yn ufuddhau iddynt, byddai pawb yn 'METHU' o leiaf un.

Dyma Iesu Grist, Mab Duw yn byw bywyd perffaith ac yn ufuddhau holl gyfraith Duw i ni. Mae Ef fel petai'n cyflwyno tystysgrif i ni gyda 10 allan o 10 wedi'u pasio!

Dim ond am un flwyddyn y mae Tystysgrif M.O.T. yn para, ond mae'r un a rydd Iesu i ni yn para am byth.

"Ond i Dduw y bo'r diolch, yr hwn sy'n rhoi'r fuddugoliaeth i ni trwy ein Harglwydd Iesu Grist."
(1 Corinthiaid 15:57)

BOD YN OFALUS

Cymorth Gweledol:

1. Tiwb o bâst dannedd
2. Marciwr hud (pin ffelt)
3. Cloch llaw fechan (neu chwiban)

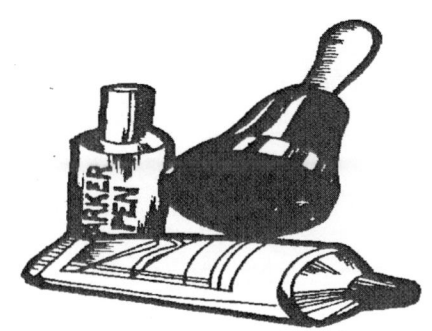

Rwy'n siŵr fod pob un ohonoch wedi glanhau eich dannedd y bore yma! Ydych chi wedi gwasgu'r tiwb erioed a chanfod bod llawer gormod o bast wedi saethu allan? Y peth diflas ydy na fedrwch ei gael yn ôl i mewn i'r tiwb. Yn yr un modd, unwaith y bydd yr inc wedi dod allan o'r feiro hon ar y papur, ni all ddychwelyd i'r feiro. Mae'r sŵn o'r gloch hon (neu'r chwiban) yn mynd i bob cornel o'r ystafell ac nid oes unrhyw ffordd o'i ddal a'i ddychwelyd i'r gloch.

Mae'r Beibl yn ein rhybuddio ynglŷn â'n tafodau. Mae geiriau'n llifo o'n genau'n ddyddiol - ond ni allant ddychwelyd. Rhaid i ni ofalu beth a ddywedwn. Weithiau, heb feddwl, gallwn ddweud rhywbeth a all frifo person arall. Gallwn ymddiheuro, ond rydym yn difaru dweud y geiriau hynny.

Ceir stori drist iawn yn y Beibl ynglŷn â Pedr yn gwadu ei fod yn adnabod yr Arglwydd Iesu Grist. Mae'n siŵr ei fod yn difaru ynganu'r geiriau hynny.

"Cofiodd Pedr y gair a lefarodd Iesu, 'Cyn i'r ceiliog ganu, fe'm gwedi i deirgwaith.' Aeth allan ac wylo'n chwerw."
(Mathew 26:75)

Ydy'r Beibl yn ein cynorthwyo os ydym wedi dweud neu wneud pethau anghywir? Ydy, mae'n dysgu os ydym yn cydnabod i ni bechu, fod Duw yn barod i faddau i ni drwy Ei Fab, Iesu Grist.

"Oherwydd byddaf yn drugarog
wrth eu camweddau,
ac ni chofiaf eu pechodau byth mwy."
(Hebreaid 8:12)

GWASANAETHAU GLANHAU!

Cymorth Gweledol:

Bag bin plastig.

Mae poteli gwag, caniau, cynwysyddion plastig, gwastraff cegin ac ati., oll yn ffurfio gwastraff pob cartref. Mae gan rai cartrefi finiau sy'n cael eu gwagio unwaith, neu efallai ddwywaith yr wythnos o hyd. Mae llawer o gartrefi eraill yn defnyddio bagiau du plastig fel hwn. Mae mor gyfleus gollwng eich sbwriel i fag gan wybod y bydd yn cael ei gludo oddi yno ar ddiwrnod arbennig o'r wythnos.

Ydych chi wedi darllen yr hyn sydd wedi'i ysgrifennu ar 'fag bin' erioed? Dywed hwn, "BYDDWCH YN OFALUS", ac yn rhestru eitemau na ddylid eu gosod yn y bag: gwydr wedi torri; lludw poeth; cemegolion y cartref; plaladdwyr a gwenwyn; nodwyddau, ac ati. Bydd y cyngor dinas, tref neu sir yn symud y sbwriel – ond o dan amodau penodol.

Efallai na fyddwch yn sylweddoli hyn, ond anfonodd Duw Ei Fab i'r byd i gymryd ein sbwriel ni i gyd! Nid y mathau o bethau y byddwn yn eu rhoi mewn bag plastig fel hwn. Mae ef yn barod i gymryd yr holl bethau anghywir sydd yn ein bywydau. Os ydym wedi dweud pethau angharedig, wedi bod yn genfigennus, yn flin, yn anufudd, yn hunanol - yr holl bethau y mae'r Beibl yn eu galw'n BECHODAU. Gwnaeth Duw i Iesu Grist fod yn gynhaliwr pechod i ni. Mae'n barod i gymryd yr holl bethau hynny sy'n ein hatal rhag caru Duw fel y dylem. Nid yw'n creu rhestr o bechodau na fydd Ef yn eu cymryd oddi arnom, ond mae'n barod i'w cymryd hwynt oll.

Pryd fydd Ef yn gwneud hyn? Nid ar ddyddiau penodol o'r wythnos, ond ar unrhyw adeg pan fyddwn yn credu ynddo Ef ac yn gofyn am Ei faddeuant.

"Os cyffeswn ein pechodau, y mae ef yn ffyddlon ac yn gyfiawn, ac felly fe faddeua inni ein pechodau, a'n glanhau o bob anghyfiawnder."
(1 Ioan 1:9)

DIWRNOD ETHOLIAD

Cymorth Gweledol:

Papur pleidleisio gydag enwau ymgeiswyr arno
a blychau er mwyn gosod croes.

Ar ddiwrnod etholiad, bydd neuaddau ysgolion, neuaddau
eglwysi, ac ati ar agor yn gynnar iawn yn y bore hyd 10 y.h. er
mwyn i bobl gael pleidleisio. Rydych chi'n rhy ifanc i gael
pleidleisio eto, felly tybed a fedrwch chi egluro wrtha i beth mae
pleidleisio'n ei olygu?

Mae pobl benodol, a enwir yn 'ymgeiswyr', yn dymuno cael eu
dewis yn aelodau o'r cyngor lleol neu'n aelodau o'r Llywodraeth.
Maent am i bobl eu dewis nhw drwy bleidleisio drostynt. Maent
yn treulio wythnosau neu fisoedd cyn Diwrnod yr Etholiad yn
ymweld ac yn dweud wrthym sut y byddent yn newid pethau er
gwell pan gânt eu dewis. Gwneir addewidion ac maent yn sicrhau
y bydd pethau'n well pe baent yn cael eu hethol.

Diwrnod yr Etholiad yw'r amser penderfynu. Rhaid i bob oedolyn
ddewis -

1. Pa ymgeisydd i ddewis – gwneir hyn drwy osod croes gyferbyn â'i h/enw;
2. Os ydyw am bleidleisio neu ymatal, h.y. penderfynu peidio â phleidleisio.

Mewn rhai ffyrdd, mae hyn yn debyg iawn i'r dewis sydd rhaid i bob un ohonom ei wneud rywbryd yn ystod ein bywydau. Mae'r penderfyniad hwn lawer pwysicach na mynd i flwch a phleidleisio am ymgeisydd mewn etholiad.

Ni all neb ymwrthod. Ni allwch ddweud "Nid ydw i eisiau penderfynu." Rydych chi un ai'n dweud 'Ie' neu 'Na' i Iesu Grist.

Os ydych yn darllen y Beibl, byddwch yn gweld yr hyn y mae Ef wedi ei wneud i chi a'r hyn y mae Ef yn ei addo i chi. Mae Ef yn cadw at ei addewid bob amser.

"Ynddo ef y mae'r 'Ie' i holl addewidion Duw. Dyna pam mai trwyddo
ef yr ydym yn dweud yr 'Amen' er gogoniant Duw."
(2 Corinthiaid 1:20)

MATHEMATEG BEIBLAIDD

Cymorth Gweledol:

4 cerdyn sy'n dangos
arwyddion mathemategol (+ - x a ÷)

Sawl un ohonoch chi sy'n mwynhau gwneud mathemateg? Mae yna gymaint o bethau sydd angen i ni eu dysgu ynglŷn â rhifau.

Beth yw ystyr yr arwydd hwn? Ie, yr arwydd YCHWANEGU ydyw ac mae'n golygu fod angen adio rhifau at ei gilydd. Ceir rhannau yn y Beibl sy'n dweud wrthym am bethau sy'n cael eu hychwanegu. Dyma un pwysig:

Dywedodd Iesu –
"Ond ceisiwch yn gyntaf deyrnas Dduw a'i gyfiawnder ef,
a rhoir y pethau hyn i gyd yn ychwaneg i chwi."
(Mathew 6:33)

Roedd y bobl yr oedd Ef yn siarad â nhw yn pryderu am bethau cyffredin dydd i ddydd, megis beth y dylent wisgo a beth y dylent fwyta. Cynghorodd Ef iddynt yn gyntaf edrych am Dduw ac yna byddai'r holl bethau hyn yn cael eu hychwanegu.

Beth yw ystyr yr ail arwydd? Ie, arwydd TYNNU ydyw. Yn aml, mae tynnu yn anoddach nag adio.

Pan welodd Ioan Fedyddiwr Iesu yn cerdded tuag ato, dywedodd –

"'Dyma Oen Duw, sy'n cymryd ymaith bechod y byd!'"
(Ioan 1:29)

Anfonwyd ef gan Dduw i gymryd fy mhechod i a'ch pechod chithau.

Nesaf, dyma groes, sef yr arwydd LLUOSI, sy'n golygu fod angen lluosi rhifau. Ceir nifer o rannau o fewn y Beibl sy'n defnyddio'r gair 'lluosi', ond nid oes yr un mor brydferth â hon a ysgrifennwyd gan Jwdas yn ei lythyr byr ar ddiwedd yr Hen Destament. Wrth ysgrifennu at gredwyr eraill, dywedodd -

"Trugaredd a thangnefedd a chariad a amlhaer i chwi."

Yr arwydd olaf yw'r arwydd RHANNU. Rhyfeddod yr Efengyl yw bod Duw yn barod i rannu'r Nefoedd â ni. Dywedodd Iesu wrth y lleidr ar y groes –

"Yn wir, rwy'n dweud wrthyt, heddiw byddi gyda mi ym Mharadwys."
(Luc 23:43)
Sut allwn ni wrthod yr hyn y mae Duw'n ei gynnig i ni drwy Ei Fab Iesu Grist?

FFITIO'N GYWIR

Cymorth Gweledol:

Un neu ddwy garreg gyda rhifau wedi'u peintio arnynt.
(bydd hylif *'tipp-ex'*yn gwneud y tro'n iawn)
E 109, E 163

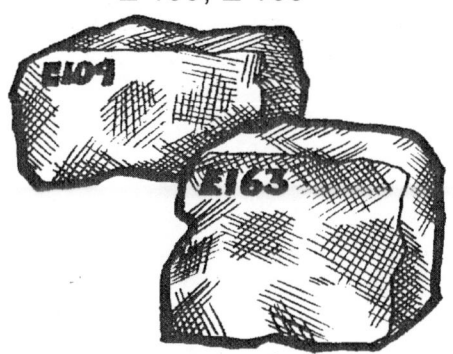

Ydych chi wedi bod mewn Amgueddfa Werin erioed? Ychydig filltiroedd o ganol Caerdydd, ceir Amgueddfa Werin Genedlaethol Cymru Sain Ffagan. Wrth i rywun gerdded drwy'r safle coediog gellwch ymweld â:

Rhes o dai teras o Ferthyr Tudful
Swyddfa Bost o Sir Gaerfyrddin
Bwthyn to gwellt o Bowys
Capel o Ddyfed (Ceredigion)

Sut symudwyd yr hen adeiladau diddorol hyn a'u hail adeiladu yno?

Yn gyntaf, bu'n rhaid rhifo pob un garreg a thynnu eu lluniau. Yna, tynnwyd yr adeilad i lawr yn ofalus, darn wrth ddarn. Yna wrth ail adeiladu'r adeilad, roedd yr adeiladwyr yn gwybod union res a rhif pob carreg fel bod pob un yn ffitio i'w man cywir.

Dywed y Beibl wrthym fod Duw yn adnabod pob Cristion wrth ei enw. Mae'n adeiladu Ei wir Eglwys Ef yn araf deg. Bydd pob credwr yn cymryd ei le cywir:

"yr ydych chwithau hefyd, fel meini bywiol, yn cael eich adeiladu yn dŷ ysbrydol, ..."
(1 Pedr 2:5)

TÂN COEDWIG

Cymorth Gweledol:

Mochyn coed

Sawl un ohonoch chi sydd wedi plannu hadau ac wedi aros yn eiddgar i weld coesau gwyrdd yn codi drwy'r pridd? Ydych chi wedi trio plannu mesen erioed? Bydd y tyfiant bychan, yn y pen draw, yn tyfu'n goeden dderw hynod - ond byddai angen i chi aros cyfnod hir iawn.

Yn Nevada yn yr Unol Daleithiau, mae yna Barc Cenedlaethol lle mae'r coed anferthol 'Coed coch' yn tyfu. Yn aml, maent yn tyfu hyd at 100 medr o uchder - sawl gwaith yn uwch na'ch tŷ neu'ch ysgol chi ydy hynny? Y coed hyn ydy'r pethau byw hynaf a mwyaf ar y Ddaear - gyda llawer yn hŷn na 3,000 o flynyddoedd oed. Mae'r cewri hyn yn dechrau o gôn pîn bychan fel hwn.

Un ffaith ryfeddol yw bod eginiad a thyfiant y Goeden goch yn cael eu cynorthwyo gan dân. Mae distrywgaredd amlwg tân coedwig yn gwneud dau beth:

1. Mae'n llosgi'r holl isdyfiant ac yn gadael golau i gyrraedd llawr y goedwig.
2. Mae'n creu lludw sy'n llawn mwynau hanfodol ar gyfer tyfiant.

Pan ddaw person yn Gristion, mae Duw'n plannu hedyn yn y galon. Mae'n bwysig fod yr holl hen bethau'n cael eu diddymu fel bod golau'r Efengyl yn gallu disgleirio i mewn. Yna, mae astudiaeth Feiblaidd a Gweddi yn hanfodol ar gyfer tyfiant mewn bywyd Cristnogol.

Creodd y tân coedwig yr amgylchiadau cywir er mwyn i'r côn ddatblygu'n goeden wych a fydd o bosibl yn byw am filoedd o flynyddoedd. Mae Ysbryd Duw yn creu bywyd a fydd yn para am byth.

"… er mwyn i bob un sy'n credu gael bywyd tragwyddol ynddo ef."
(Ioan 3:15)

DANT Y LLEW

Cymorth Gweledol:

Blodyn Dant y Llew a phen yr hedyn
(gellir cario hwn mewn jar jam gyda'r coedyn
wedi'i wthio trwy dwll yn y caead).

Dydw i ddim yn arddwr da iawn, ond mae yna un blodyn rwy'n llwyddo i'w dyfu heb drafferth. Tybed fedrwch chi ddyfalu beth ydyw? Dyma ychydig o gliwiau i chi.

Mae lliw melyn hyfryd iddo. Mae'n tyfu mewn caeau, lawntiau, ymylon y ffordd, palmentydd, glannau, tiroedd diffaith – bron iawn ym mhobman ledled Ewrop.

Ie, y chwynnyn cyffredin Dant y Llew ydyw. Ydych chi wedi ceisio ei dynnu allan o'r ddaear? Mae ganddo wraidd pigfain hir sy'n amsugno llawer o'r daioni o'r pridd.

Mae plant fel rheol wrth eu boddau â lliw melyn euraidd y blodyn ac wrth eu boddau'n chwythu'r pennau hadau 'cloc dant y llew' i ddweud yr amser.

Mae'r garddwr brwd fel rheol yn tynnu pennau'r blodyn cyn i'r hadau ffurfio gan ei fod yn gwybod y bydd yr awel leiaf yn eu cludo i bobman.

Mae yna wers y gallwn ei dysgu gan y chwynnyn cyffredin hwn. Mae'n debyg iawn i BECHOD. Mae llawer yn ei ystyried yn ddeniadol – ond mae ei wraidd yn ddwfn ac mae'n anodd ei waredu. Unwaith y caiff gyfle i sefydlu ei hun, mae'n ffynnu ac yn lledu ei ddylanwad i bob cyfeiriad.

Mae'n bresennol yn ein bywydau ac ni allwn ei waredu. Mae'r Efengyl Gristnogol yn dysgu sut y daeth Iesu Grist i'r byd i'n rhyddhau oddi wrth ein pechodau.

Mae'r Testament Newydd yn dechrau ac yn gorffen gyda'r gwirionedd hwn,

"Bydd yn esgor ar fab, a gelwi ef Iesu, am mai ef a wareda ei bobl oddi wrth eu pechodau."
(Mathew 1:21)

"Yr ydych yn gwybod bod Crist wedi ymddangos er mwyn cymryd ymaith bechodau;
ac ynddo ef nid oes pechod."
(1 Ioan 3:5)

PLU

Cymorth Gweledol:

Bocs yn cynnwys plu bychain gwahanol liwiau.

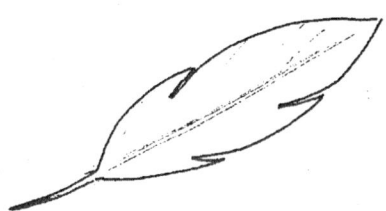

Mae gen i bethau yn y bocs yma sy'n pwyso bron dim! Mae'n nhw'n ysgafn iawn, iawn. Beth dybiwch chi sydd yn y bocs?

Dyma bluen wen blaen. (Chwythwch hi a gadewch iddi hofran i'r llawr). Dyma bluen las brydferth - mor feddal. Yna, dyma un werdd brydferth. Ac ati.

Mae Cristion yn berson sydd wedi credu yn yr Arglwydd Iesu Grist, wedi ei dderbyn Ef fel ei Waredwr ac wedi ei gymryd Ef i'w galon fel Arglwydd. Ni allwch gael ffrind gorau a pheidio â siarad â'r person hwnnw. Yn debyg, mae pob Cristion yn siarad â Duw, hynny yw, mae'n rhaid i bob Cristion weddïo ar Dduw.

Mae ein gweddïau fel y plu yma. Nid oes ots os nad ydych yn huawdl yn eich gweddïau. Efallai bod eich gweddi fel y bluen wen blaen fechan hon. Nid oes ots os nad yw fel y bluen werdd brydferth - y peth pwysig ydy eich bod yn gweddïo ar Dduw.

Heb blu, ni all aderyn hedfan - byddai'n gaeth i'r ddaear. Hefyd, nid yw aderyn sydd â phlu lliwgar iawn yn hedfan yn well nag un sydd â phlu plaen. (Nid yw parot yn hedfan yn well na brân!).

Mae'r plu bychain hyn yn hofran yn ara' deg tua'r llawr, ond mae gweddi Cristion yn esgyn i bresenoldeb Duw.

"Y mae'n ddymuniad gennyf, felly, fod y gwŷr ym mhob cynulleidfa yn gweddïo,…"
(1 Timotheus 2:8)

"Hwyr a bore a chanol dydd
fe gwnaf a griddfan,
a chlyw ef fy llais."
(Salm 55:17)

TRYSOR CUDD

Cymorth Gweledol:

Datguddiwr Metel

Sawl un ohonoch chi sydd ag un o'r rhain?

Datguddiwr ydyw – dyfais electronig sy'n canu'n uchel pan fydd yn agos at unrhyw wrthrych metel.

Mae rhai pobl wedi datblygu'r arfer o ddatguddio metel fel hobi. Gwelir rhai brwdfrydig yn pori caeau a'r blaendraeth yn systematig yn y gobaith o ganfod trysor cudd wedi'i gladdu.

Mae'r mwyafrif o'r canfyddiadau'n rhai siomedig ac mae'r gwrthrych yn ddi-werth - top potel lefrith, tun rhydlyd neu hoelen. Mae'r person yn bwrw yn ei flaen yn frwdfrydig, heb siomi gormod, gan ddefnyddio'r datguddiwr metel yn y gobaith o ddod o hyd i fodrwy neu freichled werthfawr, neu o bosibl casgliad o ddarnau arian hynafol. Mae'r posibilrwydd o ganfod trysor a gladdwyd ers blynyddoedd maith yn gyffrous iawn! Mae'r gyfraith, fodd bynnag, yn nodi bod unrhyw beth o werth, unrhyw beth megis darnau arian a ganfyddir yn y ddaear sydd â'r perchennog yn anhysbys, yn dod yn eiddo i'r Goron.

Mae'r rhan fwyaf o bobl yn treulio eu bywydau yn chwilio. Nid ydynt yn defnyddio datguddiwr metel ac nid ydynt yn edrych am gyfoeth ar ffurf aur. Yn bennaf, maent yn ceisio hapusrwydd, yr ateb i gymaint o gwestiynau ynglŷn â bywyd, yr hyn yw gwirionedd go iawn.

Mae'r Efengyl Gristnogol yn honni bod y trysor yr ydym oll yn chwilio amdano o fewn y Beibl. Nid oes angen treulio ein bywydau yn chwilio yn unman arall. Pan fyddwch yn canfod y trysor hwn, eich trysor chi ydyw ac ni all neb ei gymryd oddi arnoch. Iesu Grist yw'r trysor hwn. Pan ddowch o hyd iddo Ef, nid oes angen chwilio mwyach.

"...Crist. Ynddo ef y mae holl drysorau doethineb a gwybodaeth yn guddiedig."
(Col. 2:2, 3)

Y CROCHENYDD

Cymorth Gweledol:

1. Talp o glai crochenydd.
2. Fâs neu wrthrych tebyg.

Mae gen i dalp o glai crochenydd yma. Nid yw'n edrych yn gyffrous iawn. Nid oes lliw na siâp deniadol iddo ac fe ddaeth o'r ddaear. Os ydych yn ymweld ag amgueddfeydd, byddwch yn gweld crochenwaith o amrywiol ffurfiau sy'n dyddio'n ôl gannoedd o flynyddoedd, os nad miloedd o flynyddoedd. Heddiw, mae modd dysgu crochenwaith yn yr ysgol.

Tybed a ydych chi wedi gweld crochenydd wrth ei waith? Gosodir y clai brown, di-siâp ar olwyn y crochenydd ac yna caiff ei leithio gan ddŵr. Wrth i'r olwyn droi, gall y crochenydd fowldio a newid siâp y clai. Mae'n gyffrous gweld y talp yn troi yn fowlen fas neu'n fâs dal. Os nad yw'n hoff o'r canlyniad, gall y crochenydd ailffurfio'r clai yn syml iawn gyda'i ddwylo.

Yna, defnyddir popty neu odyn fawr ar gyfer sychu a chaledu'r crochenwaith cyn ei beintio.

Mae'r Beibl yn cymharu daliadau Duw â ni fel crochenydd yn gweithio â chlai. Mae yn ein ffurfio ac yn ein hailffurfio.

Ysgrifennodd Job, dyn y clywn amdano yn yr Hen Destament, a chymeriad a fowldiwyd go iawn gan Dduw:

"...o glai y'm lluniwyd innau hefyd."
(Job 33:6)

"Ond tydi, O ARGLWYDD, yw ein tad; ni yw'r clai a thi yw'r crochenydd;
gwaith dy ddwylo ydym i gyd."
(Eseia 64:8)

BWMERANG

Cymorth Gweledol:

Bwmerang – neu ddarn o gardfwrdd
wedi'i dorri i siâp bwmerang.

Rydych chi gyd yn gwybod beth yw hwn, ond am ba wlad ydych chi'n meddwl amdani wrth ei weld? Ie, roedd brodorion Awstralia, yr 'Aborijinis', yn defnyddio bwmerangau wrth hela. Mae'r darn o bren tenau siâp-V, yn dychwelyd at y taflwr pan deflir ef mewn ffordd arbennig. Mae angen sgil arbennig i'w gael i ddychwelyd.

Mae yna rai pethau y mae pawb yn dymuno cael gwared arnyn nhw - ond mae'n nhw'n dychwelyd bob dro. Efallai bod gennym dafod rhydd sy'n dweud y pethau anghywir. Efallai bod gennym arferion drwg yr hoffem eu torri. Ar ddechrau pob Blwyddyn Newydd, byddwn yn gwneud addewidion a rhoi'r ymdrech fawr i waredu'r pethau hynny yn ein bywydau y mae gennym gywilydd ohonynt. Yn wahanol i'r bwmerang, fodd bynnag, nid oes ots sut yr ydym yn eu gwaredu, maent yn dychwelyd bob tro. Nid oes angen sgil, mae ein harferion drwg, ein pechodau, yn dychwelyd bob tro.

Y wers sy'n rhaid i ni ei dysgu yw pa bynnag ffordd yr ydym yn ceisio, ni allwn greu dechrau newydd ein hunain. Mae beth bynnag a wnawn yn gweld ein ffaeleddau yn dychwelyd fel y bwmerang.

Mae'r Beibl yn rhoi gobaith i ni - dywed wrthym ei bod hi'n bosibl gwaredu'n pechodau a chreu dechreuad newydd. Newyddion Da'r Efengyl Gristnogol yw bod Iesu Grist wedi dod i'r byd i gymryd ein camweddau, ein ffaeleddau, a'n pechodau oddi arnom.

"Daeth Crist Iesu i'r byd i achub pechaduriaid."
(1 Timotheus 1:15)

Y CATALOG

(Addas ar gyfer adeg y Nadolig)

Cymorth Gweledol:

Catalog lliwgar

Mae'n fis Rhagfyr – y mis pan fo pawb i'w gweld yn paratoi ar gyfer y Nadolig. Mae llawer mwy o draffig ar y ffyrdd. Os ydych yn llwyddo i gyrraedd y dref neu'r ddinas, mae'r siopau'n llawn o bobl. Mae'n ymdrech fawr i ddod o hyd i'r hyn yr ydych am ei brynu fel anrheg, yna mae'r ciwiau mawr wrth y tiliau i dalu. Yn aml, ar ôl yr holl drafferth, rydych yn dychwelyd adref heb hanner yr anrhegion yr oeddech wedi bwriadu eu prynu.

Un diwrnod yr wythnos ddiwethaf, gwelais fod rhywbeth wedi cael ei adael ar riniog fy nrws. Y catalog mawr, lliwgar hwn ydoedd. Ynddo, ceir lluniau pob math o eitemau - dillad, teganau, setiau teledu, gemau ag ati. Mae'n cynnig ffordd arall o siopa i mi! Y cyfan sydd angen i mi ei wneud ydy dewis beth bynnag dwi ei eisiau, codi'r ffôn a gofyn amdano. O fewn ychydig ddyddiau bydd yr eitemau'n cael eu danfon i'm cartref. Beth sydd well? Dim ciwio, dim tagfeydd traffig a dim ceisio dod o hyd i le i barcio. Mae'r catalog yn diddymu'r holl drafferth o siopa.

Wyddoch chi fod y Beibl fel yna hefyd? Mae pobl yn brwydro'n galed i ganfod hapusrwydd, ystyr, cariad, bywyd ac ati, yn y byd. Mae Duw wedi rhoi'r Beibl i ni fel Ei Air Ef. Ynddo, mae Ef yn addo heddwch, hapusrwydd, cariad, gobaith a bywyd tragwyddol inni. Y cyfan sydd angen i ni ei wneud ydy gofyn iddo Ef am y pethau hyn. Gyda'r catalog, efallai y cawn wybod "mae'n ddrwg gennym, ond mae'r eitem allan o stoc", ond nid yw Duw byth yn siomi. Hefyd, mae'n rhaid talu am yr eitemau o'r catalog. Mae'r cyfan y mae Duw'n ei gynnig yn rhad ac am ddim, gan fod Iesu Grist wedi talu am y cyfan!

"Yr wyf yn ysgrifennu'r pethau hyn atoch chwi, y rhai sydd yn credu yn enw Mab Duw, er mwyn ichwi wybod bod gennych fywyd tragwyddol. A hwn yw'r hyder sydd gennym ger ei fron ef: y bydd ef yn gwrando arnom os gofynnwn am rywbeth yn unol â'i ewyllys ef. Ac os ydym yn gwybod ei fod yn gwrando arnom, beth bynnag y byddwn yn gofyn amdano, yr ydym yn gwybod bod y pethau yr ydym wedi gofyn iddo amdanynt yn eiddo inni."
(1 Ioan 5:13-15)

ANHYSBYS
(Stori'r Nadolig)

Cymorth Gweledol:
Cerdyn Nadolig yn ei amlen â chyfeiriad a stamp

Rwy'n siŵr eich bod wedi derbyn nifer o gardiau Nadolig gan berthnasau a ffrindiau. Dyma un a dderbyniais ddoe. Mae wedi ei gyfeirio'n gywir. Mae stamp a marc postio ar yr amlen, ac mae'n gerdyn deniadol iawn. Yn anffodus, does dim enw - dydw i ddim yn gwybod pwy sydd wedi ei anfon.

Mae yna garol yr ydym yn ei chanu o'r enw 'I ORWEDD MEWN PRESEB'.

Ar y diwedd, lle nodir enw awdur y garol, mae'n nodi, 'ANHYSBYS'. Ni roddir enw, gan nad oes neb yn gwybod pwy yw'r awdur. Efallai y dewch o hyd i emynau a cherddi gyda'r gair 'ANHYSBYS' wedi'u hysgrifennu ar eu holau.

Mae hyn yn drueni, gan fod enwau'n bwysig. Mae gan bawb enw ac rydym yn hoffi bod pawb yn gwybod ein henwau. Pan fyddwch yn darllen y Beibl, gwelwch fod Iddewon yn rhoi pwys mawr ar

---

enwau. Roedd yna ystyr arbennig fel arfer i'r enwau a roddwyd i'w plant.

Ysgrifennodd y proffwyd Eseia gannoedd o flynyddoedd cyn geni Crist:

"...Wele ferch ifanc yn feichiog, a phan esgor ar fab, fe'i geilw'n Immanuel."
(Eseia 7:14)

Nid baban arall yn unig ydoedd, ond roedd ganddo'r enw Immanuel, sy'n golygu 'DUW GYDA NI'.

Yn Efengyl Mathew, darllenwn:

"Bydd yn esgor ar fab, a gelwir ef Iesu,..."
(Mathew 1:21)

Tybed a ydych chi'n gwybod beth yw ystyr yr enw Iesu? Sawl enw arall a roddir yn yr Ysgrythurau i Iesu Grist, Mab Duw?

NEWYDD A HEN

(Stori Blwyddyn Newydd)

Cymorth Gweledol:

1. Dyddiadur Newydd.
2. Calendr Newydd.
3. Sofren aur (neu unrhyw hen eitem gwerthfawr).

Rydym newydd ddechrau BLWYDDYN NEWYDD. Mae pawb yn hoff o'r syniad o ddechrau newydd ac rydym yn clywed am bobl yn gwneud addunedau Blwyddyn Newydd. Gartref, mae gennym anrhegion newydd (neu deganau) a dderbyniom wythnos yn ôl, adeg y Nadolig.

Yma, mae gen i ddyddiadur newydd - mae'r holl dudalennau'n wag ar hyn o bryd. Mae calendrau newydd yn cael eu gosod ar waliau'r cartref, yr ysgol, swyddfeydd ac ati. Mae llawer o hen bethau'n cael eu taflu i ffwrdd i wneud lle i'r newydd.

Yma, fodd bynnag, mae gen i rywbeth hen iawn na fyddwn byth yn cael gwared ohono. Mae'n gan mlwydd oed a mwy ac mae'n werthfawr iawn. Ni fydd teganau, calendrau a dyddiaduron newydd yn para'n hir iawn, ond mae rhai pethau nad ydynt byth yn colli eu gwerth.

Mae'r Beibl hwn yn filoedd o flynyddoedd oed, ond am mai Gair Duw ydyw, mae'n amhrisiadwy. Y peth rhyfeddol yw, er ei fod yn hen, gall wneud pobl yn bobl newydd! Nid oes angen i chi geisio gwneud addunedau Blwyddyn Newydd, mae'r Beibl hwn yn dweud wrthym sut y gallwn gael bywyd newydd sy'n para am byth.

Mae'n dweud:

"...os yw rhywun yng Nghrist, y mae'n greadigaeth newydd; aeth yr hen heibio, y mae'r newydd yma."
(2 Corinthiaid 5:17)

MÊL

Cymorth Gweledol:

Jar o fêl. Amrywiaeth o gynnyrch cŵyr gwenyn
(nid yw'r rhain yn hanfodol).

Faint ohonoch chi sy'n hoffi mêl? Ydych chi'n gwybod sut y mae
mêl yn cael ei wneud? Ydy, mae gwenyn yn ei greu o'r neithdar
y maent yn ei gasglu o flodau. Mae llawer y gellir ei ddysgu ynglŷn
â mêl. Ceir sôn am fêl nifer o weithiau o fewn y Beibl - hyd yn oed
yn Genesis, y llyfr cyntaf (p. 43:11).

Pwy, yn ôl y Testament Newydd, oedd yn byw ar locustiaid a mêl
gwyllt? **(Mathew 3:4)**

Mae'n bosibl y gallwn ddysgu gwers gan y CWCH GWENYN.

1. Diliau Mêl – strwythur neu fframwaith yw hwn y mae'r gwenyn
yn ei adeiladu er mwyn storio'r mêl. Mae'r diliau mêl wedi ei
wneud o gŵyr – cŵyr gwenyn. Sawl un ohonoch chi sydd wedi
gweld llathrydd (*polish*) cŵyr gwenyn neu ganhwyllau cŵyr
gwenyn? Mae'r canhwyllau'n taflu GOLAU wrth iddyn nhw losgi.

2. Mêl – hwn yw'r BWYD melys naturiol a gynhyrchir gan wenyn. Yn wahanol i'r mwyafrif o fwydydd eraill, nid yw'n 'mynd yn hen' neu'n darfod, ond yn cadw am flynyddoedd.

3. *Propolis* - neu glud gwenyn. Mae hwn yn sylwedd gludiog y mae gwenyn yn ei gasglu o flagur coed. Maent yn ei ddefnyddio wrth adeiladu eu cychod gwenyn. Mae gan y sylwedd hwn nodweddion meddygol, e.e. mae'n IACHÁU.

Gellir cymharu'r cwch gwenyn gyda'r Beibl. Defnyddir y cŵyr gwenyn a gynhyrchir i wneud canhwyllau sy'n cynnig golau. Dywed Llyfr y Salmau,

"Y mae dy air yn llusern i'm troed, ac yn oleuni i'm llwybr."
(Salm 119:105)

Mewn Salm arall (Salm 19:10), mae'r awdur yn dweud sut mae Duw yn delio gyda'i bobl yn:

"...felysach na mêl, ac na diferion diliau mêl."

Mae Gair Duw fel bwyd i'r Cristion ifanc – mae'n tyfu wrth ei ddarllen a'i ddilyn.

Yn olaf, mae gan Air Duw bwerau iacháu. Mae'n ein dysgu sut y gallwn wneud yn iawn am y pethau drwg a wnaethom yn ein bywydau. Mae'n ein cyfeirio at yr UN a all faddau inni.

PROBLEM FAWR

Cymorth Gweledol:

Pos jig-so o'r byd cyfan
(er y gellir addasu'r stori ar gyfer unrhyw jig-so)

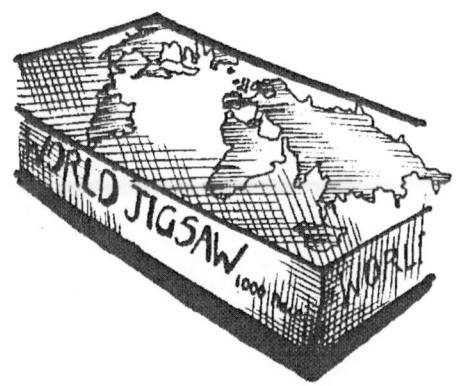

Faint ohonoch chi sy'n mwynhau gwneud posau jig-so? Mae gen i un yma, un anodd iawn, os nad yn amhosibl i'w wneud. Dyma lun o sut y dylai edrych ar ôl ei orffen. Rwy'n siŵr y byddai llawer ohonoch wrth eich bodd yn cael cychwyn rhoi'r darnau at ei gilydd, ond gadewch i mi egluro pam y byddai'r jig-so hwn yn profi i fod yn gymaint o broblem.

1. Ceir llawer iawn o ddarnau (tua 1000)
2. Mae llawer o rannau ohono o'r un lliw
3. Mae llawer o ddarnau ar goll
4. Mae llawer o ddarnau na ddylai fod yn y bocs yma - nid ydynt yn perthyn i'r jig-so yma!

Mae ein byd ni heddiw yn broblem fawr. Fel y jig-so hwn, mae'n edrych yn debyg ei fod mewn darnau, ac eto mae llawer o ddarnau ar goll. Mae heddwch, cariad, llawenydd, gobaith ac ati, ar goll o fywydau cynifer o bobl. Yn lle hynny, mae pethau na gynlluniodd Duw erioed yn bresennol yn y byd. Ni fydd trachwant, cenfigen, casineb ac ati, byth yn ffitio i'w ddarlun Ef o'r byd. Mae dynion wedi ceisio cywiro pethau, ond wedi methu. Mae'n rhaid gosod y jig-so cyfan yn nwylo'r Crëwr a'i ffordd Ef o adfer pethau yw ein hunig obaith.

Dywed y Beibl:

"Do, carodd Duw y byd gymaint nes iddo roi ei unig Fab, er mwyn i bob un sy'n credu ynddo ef beidio â mynd i ddistryw ond cael bywyd tragwyddol."
(Ioan 3:16)

"Dyma sut yr ydym yn gwybod beth yw cariad: am iddo ef roi ei einioes drosom ni."
(1 Ioan 3:16)

DIM OND GÊM YW HI!

Cymorth Gweledol:

Raced denis a phêl.
(Addas yn ystod pythefnos Wimbledon)

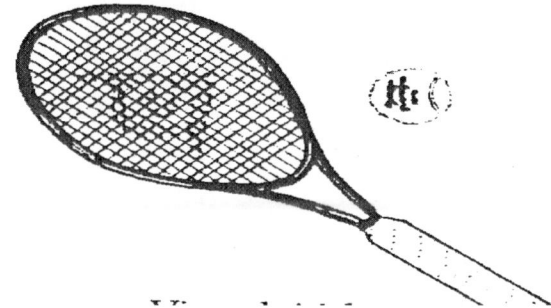

Mae'n siŵr eich bod wedi clywed rhywun yn dweud wrth rywun sydd wedi colli mewn gweithgaredd chwaraeon, "Dim ots, dim ond gêm yw hi!"

Byddech yn ei chael hi'n anodd credu hynny – ar ôl gwylio'r tenis o Wimbledon ar y teledu dros y bythefnos ddiwethaf.

Ni allwn beidio â sylwi ar y pwys a roddir ar bob manylyn bach o'r gêm.

1. Mae'r chwaraewyr i gyd wedi gwisgo mewn gwyn.
2. Mae'n rhaid i'r rhwyd fod yr uchder cywir (3tr).
3. Newidir y peli bob 7 gêm. (Cymerir y peli o focs sydd wedi'i storio ar dymheredd sefydlog).
4. Os oes un llinyn yn torri, ceir raced newydd yn syth.
5. Mae'r dyfarnwr yn amseru UN FUNUD pan fo'r chwaraewyr yn eistedd ar ddiwedd bob yn ail gêm. Ac ati.

Mae cymaint o fanylion sy'n cael eu monitro'n dynn. Mae gemau, megis tenis, yn cael eu cymryd o ddifrif.

Beth am ein bywydau Cristnogol? Pa mor ofalus ydyn ni wrth ystyried edrych am Dduw? Pa mor aml ydyn ni'n gweddïo? Ydyn ni'n darllen y Beibl yn ddyddiol?

Os yw dyn yn rhoi cymaint o sylw i fanylion bychain gêm, pam ddylen ni ddisgwyl i Dduw fod yn fodlon â dim llai na'r gorau y gallwn ei gynnig?

"...Oherwydd rhaid i'r sawl sy'n dod at Dduw gredu ei fod ef, a'i fod yn gwobrwyo'r rhai sy'n ei geisio."
(Hebreaid 11:6)

ENW'R GWNEUTHURWR

Cymorth Gweledol:

1. Oriawr garddwrn.
2. Beiro pen pêl –
neu unrhyw eitem sy'n dangos enw'r gwneuthurwr.

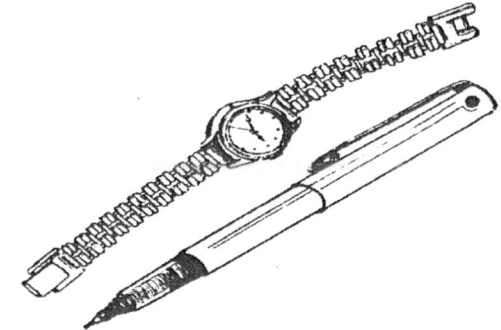

Pan fyddwn yn prynu rhywbeth (neu'n derbyn anrheg), fel rheol bydd rhywun yn gofyn "Pa wneuthuriad ydyw?" Hynny yw, "Pwy wnaeth o?"

Cefais feiro fel anrheg Nadolig. Mae'n feiro pen pêl neis iawn. Oeddech chi'n gwybod mai dyn o Hwngari, sef Laszio Biro, a ddyfeisiodd y pen pêl?

Mae'n siŵr eich bod yn gwybod beth yw gwneuthuriad car eich rhieni. Os ydych chi'n berchen ar oriawr arddwrn, walkman neu feic, bydd enw'r gwneuthurwr arno. Mae hyd yn oed dillad heddiw yn dangos label ag enw'r gwneuthurwr arnynt.

Dywed y Beibl wrthym ein bod wedi ein creu yn hynod ac arbennig - ond eto, nid yw pobl yn credu fod gennym Greawdwr.

Sylweddolodd Dafydd, y Salmydd, dros 3000 o flynyddoedd yn ôl, ryfeddod y corff dynol a moli sgil Creawdwr arbennig. Ysgrifennodd Ioan, y disgybl a dreuliodd cymaint o amser yng nghwmni Iesu Grist:

"Daeth pob peth i fod trwyddo ef; hebddo ef ni ddaeth un dim sydd mewn bod."
(Ioan 1:3)

Duw a'n creodd, ac eto, yn y Testament Newydd, mae Iesu'n dysgu bod angen i ni gael ein creu eto!

"Felly, os yw rhywun yng Nghrist, y mae'n greadigaeth newydd; aeth yr hen heibio, y mae'r newydd yma.""
(2 Cor. 5:17)

Y FWYDLEN

Cymorth Gweledol:

Bwydlen fawr.

Sawl un ohonoch sy'n mwynhau mynd allan am bryd o fwyd? Efallai bod eich rhieni wedi bod â chi i fwyty neis ar eich pen-blwydd, neu eich bod wedi mwynhau bwyta mewn ystafell fwyta fawr tra ar wyliau. Wedi i chi gael eistedd wrth eich bwrdd, mae'r gweinydd yn dangos bwydlen fel hon i chi.

Ynddi, ceir rhestr faith o fwydydd!

Rydych yn dechrau ei darllen ac mae eich Mam yn dweud, "Wel, beth gymri di?"

Ceir cyrsiau cyntaf - sudd ffrwyth neu gawl neu rywbeth o'r enw 'coctel corgimwch', neu batè.

Yna mae'n dweud Prif Gwrs: cyw iâr wedi'i rostio neu gig oen neu gig eidion neu bysgodyn, ac yn aml, ceir bwydlen plant gyda bwydydd y mae plant yn hoffi eu bwyta.

Dywed y dewisiadau melysfwyd: amrywiol hufen iâ, gateau a hufen, teisen afal a chwstard, a llawer mwy.

Mae rhai pethau ar y fwydlen yn ddrud iawn; eraill yn fwy rhesymol.

Mae angen i chi ddewis beth i'w fwyta – ac nid yw'n hawdd bob amser.

Wrth i chi fynd yn hŷn, byddwch yn gweld fod nifer o benderfyniadau i'w gwneud yn ddyddiol. Yn yr ysgol, mae'n rhaid dewis pynciau i'w hastudio. Bydd rhai dewisiadau yn effeithio gweddill eich bywyd.

Darllenir yn yr Hen Destament am ddewis y bu'n rhaid i'r Israeliaid ei wneud:

"...dewiswch ichwi'n awr pwy a wasanaethwch.."
(Josua 24:15)

Bu'n rhaid i'r bobl ddewis rhwng Duw ac eilunod.

Yn y Testament Newydd, dywed Iesu Grist, Mab Duw:

"Myfi yw'r ffordd a'r gwirionedd a'r bywyd. Nid yw neb yn dod at y Tad ond trwof fi."
(Ioan 14:6)

Mae'r Beibl yn dysgu, os ydym am fynd i'r Nefoedd, nid oes dewis i'w wneud, gan mai Iesu Grist yw'r unig ffordd. Talodd Ef y pris llawn drosom pan fu farw ar Galfaria.

HEN GREIRIAU

Cymorth Gweledol:

Unrhyw hen ddarn o emwaith neu lestr tsieina.

Dyma hen fâs sydd wedi bod yn ein teulu ni ers blynyddoedd lawer. Mae hi ymhell dros 50 o flynyddoedd oed ac felly'n cael ei chyfri'n hen grair.

Mae 'The Antiques Roadshow' a 'Dickinsons Real Deal' yn rhaglenni penodol am hen greiriau sy'n cael eu darlledu ar y teledu. Mae arbenigwyr yn edrych ar hen ddarnau o tsieina, neu emwaith neu ddodrefn ac yn gorfod dweud:

1. Pwy wnaeth ef?;
2. Pa mor hen ydyw?;
3. Beth yw ei werth?

Pe baent yn archwilio fy fâs i, maen siŵr y byddent yn ymateb fel hyn:
Pwy wnaeth hi? - Mae'n dweud tsieina *Royal Doulton*.

Pa mor hen ydyw? – 60-65 o flynyddoedd oed, ond mae'n siŵr fod gan y dyn a greodd y fâs y syniad amdani dipyn cyn iddo'i chreu.

Beth yw ei gwerth? – hyd yn oed pe bai rhywun yn dweud £50, mae hi werth llawer mwy na hynny i mi.

Beth petaem yn gofyn yr un cwestiynau am Gristion?

Pwy wnaeth hi/ef? Duw!

Pa mor hen yw Cristion? Efallai bod 2 flynedd, 5 mlynedd, 10 mlynedd ers iddo/iddi gredu am y tro cyntaf (ond wedi'i g/chreu ym meddwl Duw mewn tragwyddoldeb).

Beth yw ei g/werth? Amhrisiadwy i Dduw.

Roedd Duw'n fodlon rhoi Ei unig Fab Iesu Grist er mwyn i ni gael bod yn Gristnogion.

"...y mae ARGLWYDD eich Duw wedi eich dewis o blith yr holl bobloedd sydd ar wyneb y ddaear, i fod yn bobl arbennig iddo ef."
(Deuteronomium 7:6)

BLE YDYCH CHI'N BYW?

Cymorth Gweledol:

Darn o gerdyn gwyn gyda'r llythrennau a'r rhifau canlynol wedi'u 'sgrifennu arno:

SY1 2EW
LL3 7RR
SA14 8BP
SA91 A12
CF4 4SQ

Tybed fedrwch chi ddweud wrtha i beth yw'r rhain? Ie, CODAU POST ydyn nhw. Wrth ei gynnwys gyda'ch cyfeiriad, mae'r côd post yn helpu'r swyddfa bost i ganfod lle'r ydych yn byw yn gyflym.

Mae'r côd post cyntaf ar gyfer cyfeiriad yn Amwythig.

Mae'r ail ar gyfer cyfeiriad yn Llandudno.

Gadewch i mi egluro beth yw ystyr y llythrennau a'r rhifau. Edrychwch ar yr olaf:

Mae **CF** yn dweud wrthym fod yr ardal yng Nghaerdydd (*Cardiff*). Mae **4** yn rhoi'r dosbarth yng Nghaerdydd i ni. Mae'r ail **4** yn nodi'r sector o fewn y dosbarth hwnnw. Mae'r **SQ** yn canfod y cyfeiriad o fewn oddeutu 15 o dai.

Mae rhoi eich côd post bron yr un fath â rhoi eich cyfeiriad, h.y. rydych yn dweud ble mae eich cartref.

Beth yw cartref i chi?

Y man lle'r ydych yn byw, lle gall rhywun ddod o hyd i chi. Man lle'r ydych yn teimlo'n saff, lle'r ydych yn cael eich caru.

Mae'n siŵr eich bod yn treulio rhan fwyaf o'ch amser yno, ac mae'n lle y gallwch redeg iddo pan fyddwch mewn trwbl.

Edrychwch ar y cerdyn unwaith eto, anghofiais am SA91 A12.

Nid côd post ydyw, ac eto, mewn ffordd, mae'n gôd post i bob Cristion!
Ei ystyr yw: **Salm 91, Adnod 1-2**, sy'n dweud:

"Y mae'r sawl sy'n byw yn lloches y Goruchaf,
ac yn aros yng nghysgod yr Hollalluog,
yn dweud wrth yr Arglwydd, 'Fy
noddfa a'm caer, fy Nuw, yr un yr ymddiriedaf ynddo.'"

Mae gan y Cristion le lle mae'n gwybod ei fod yn saff a'i fod yn cael ei garu.

BYLBIAU

Cymorth Gweledol:

Pecyn o *Gladiolus Corms* (neu fwlbiau crocws)
gyda llun o'r blodau amryliw.

Faint ohonoch chi sy'n mwynhau helpu yn yr ardd? Bydd hi'n amser plannu hadau a bylbiau yn yr ardd yn fuan iawn os yw'r ardd am edrych yn dda yr Haf yma.

Tybed fedrwch chi ddweud wrtha i beth yw'r rhain? Dydyn nhw ddim yn bethau cyffrous iawn i edrych arnyn nhw. Maen nhw'n grwn ac yn frown. GLADIOLUS CORMS (neu fwlbiau) ydyn nhw.

Y peth rhyfeddol yw bod BYWYD yn y pethau diflas hyn. Sut wyddom ni? Petawn i'n eu hagor, ni fyddwn yn canfod y bywyd ynddyn nhw – ond, petawn i'n eu plannu yn yr ardd, byddent yn tyfu. Mae popeth byw yn tyfu.

Mae'n nodi ar y pecyn eu bod yn tyfu at uchder o 100cm ac yn blodeuo unrhyw bryd rhwng canol mis Gorffennaf a mis Medi.

Dyma lun yn dangos yr holl wahanol liwiau y maent yn eu cynhyrchu - ond ni allwch ddweud pa liw fydd pob bwlb unigol cyn eu plannu.

Gall Cristion edrych yn gyffredin iawn, ond mae'n berson y mae Duw wedi rhoi BYWYD ynddo – yr hyn a alwn yn FYWYD YSBRYDOL. Ceir tystiolaeth ohono ym mywyd y person. Mae hi neu ef yn tyfu i garu holl bethau Duw. Bydd hi / ef yn tyfu'n raddol yn debycach i Iesu Grist.

Mae'r Gladioli yn blodeuo rhwng Gorffennaf a Medi, ond mae gan y Cristion ifanc fywyd tragwyddol ynddo/ynddi. Yn union fel na all rywun ddweud lliw'r blodyn cyn iddo flodeuo, nid oes neb yn gwybod a fydd y Cristion yn dod yn athro Ysgol Sul, yn bregethwr neu'n genhadwr, ac ati.

"Cydnabydda ef yn dy holl ffyrdd, bydd ef yn sicr o gadw dy lwybrau'n union."
(Diarhebion 3:6)

Dim ond Duw sy'n gwybod Ei gynllun ar gyfer pob bywyd.

TRI LLYFR MEWN UN

Cymorth Gweledol:

Dyddiadur, Cofiant, Hunangofiant a Beibl

Rwy'n siŵr fod pob un ohonoch yn gwybod beth yw DYDDIADUR. Sawl un ohonoch chi sy'n cadw dyddiadur?

Mae yna le i ysgrifennu'r hyn yr ydych yn ei wneud bob dydd yn ystod y flwyddyn. Gellwch gadw cofnod o ddigwyddiadau.

Un o'r dyddiaduron enwocaf a gafodd ei gadw oedd un Samuel Pepys a ddisgrifiodd bethau a ddigwyddodd dros 300 o flynyddoedd yn ôl.

COFIANT yw'r ail lyfr sydd gen i. Beth yw ei ystyr? Stori bywyd rhywun ydyw sydd wedi ei ysgrifennu gan berson arall. Yn y llyfrgell, fe welwch adran gyfan o gofiannau. Gellwch ddarllen am fywydau enwogion y byd chwaraeon a phobl enwog eraill.

HUNANGOFIANT yw'r trydydd llyfr sydd gen i. Eto, stori bywyd ydyw, ond y tro hwn, ysgrifennwyd ef gan y person ei hun.

Wyddoch chi fod y Beibl, mewn ffordd, yn ddyddiadur, yn gofiant ac yn hunangofiant?

Mae Genesis, pennod 1, fel dyddiadur yn ei ddisgrifiad dydd i ddydd o stori'r creu. Mae hefyd yn disgrifio, mewn manylder, gyfnod o 40 mlynedd a dreuliodd plant Israel yn yr anialwch.

Rhan bwysicaf y Beibl fel cofiant yw lle mae'n disgrifio bywyd ein Harglwydd Iesu Grist o'i eni i'w farwolaeth. Fedrwch chi enwi'r dynion a ysgrifennodd am y digwyddiadau hyn?

Mae'r Beibl hefyd yn hunangofiant. Gelwir ef yn Air Duw. Duw sy'n ysgrifennu trwy ddynion i'n dysgu ninnau amdano ef ei hun.

Mae'r Beibl yn DRI YN UN!

"A chan ddechrau gyda Moses a'r holl broffwydi, dehonglodd iddynt y pethau a ysgrifennwyd amdano ef ei hun yn yr holl Ysgrythurau."
(Luc 24:27)

LLE YDYCH CHI NAWR?

Cymorth Gweledol:

Atlas, Cyfeirlyfr Ffôn, A i Z o enwau strydoedd.

"Lle ydych chi nawr?"(*Where are you now?*) oedd teitl rhaglen radio boblogaidd nifer o flynyddoedd yn ôl. Gallai unrhyw un a oedd wedi colli cysylltiad ag aelod o'r teulu neu efallai hen ffrind ysgol, ysgrifennu at neu ffonio'r BBC. Byddai gwybodaeth yn cael ei ddarlledu ynglŷn â'r person 'coll', a gwnaed pob ymdrech i drefnu aduniad.

Sawl un ohonoch chi all ddefnyddio ATLAS? Fedrwch chi ddod o hyd i Gymru? Fedrwch chi weld eich tref neu'ch stryd eich hun? Fedrwch chi weld lle ydych chi?

Bydd CYFEIRLYFR FFÔN yn eich helpu i ganfod cyfeiriad ffrind gan fod yr holl enwau yn nhrefn yr wyddor.

Ydych chi wedi gweld un o'r rhain o'r blaen? Canllaw Stryd A i Z ydyw. Mae'n eich cynorthwyo i ddod o hyd i unrhyw stryd yn eich ardal. Mae llawer o fapiau yng nghanol y dref neu ddinas wedi'u marcio â'r geiriau, 'Rydych yma'.

Wyddoch chi mai un o'r cwestiynau cyntaf a ofynnwyd yn y Beibl oedd, "Ble ydych chi?" (Genesis 3:9).
Nid atlas, cyfeirlyfr neu A i Z yw'r Beibl, ond mae'n dweud wrthych yn union ble'r ydych chi.

Bydd yn dweud wrthych, wrth i chi ei ddarllen, a ydych yn byw ymhell oddi wrth Dduw neu'n byw'n agos ato.

Dywed hefyd:

"… nid yw nepell oddi wrth yr un ohonom."
(Actau 17:27)

DIM OND SWIGEN?

Cymorth Gweledol:

Lefel wirod

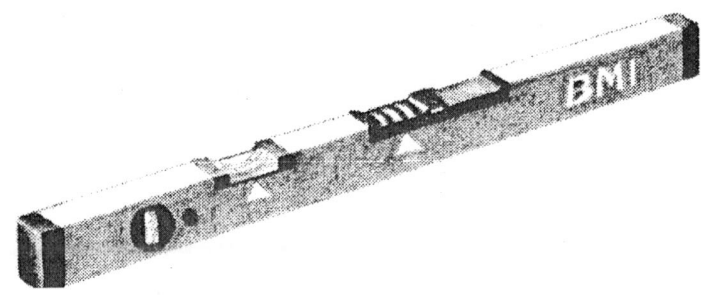

Pa mor hen yw eich eglwys (neu ysgol)?

Rwy'n siŵr bod nifer yma yn ei chofio'n cael ei hadeiladu. Wrth i ni edrych arni heddiw, gallwn weld y deunyddiau a ddefnyddiodd yr adeiladwyr.

Cerrig neu frics ar gyfer y waliau
Llechi neu deils ar gyfer y to
Trawstiau pren neu trawstiau dur uwch ein pennau
Gwydr ar gyfer y ffenestri
Morter, sment, concrit
ac ati.

Fodd bynnag, roedd yna rywbeth arall a ddefnyddiwyd hefyd. Rhywbeth bach iawn – ddyfalwch chi byth beth ydyw! Swigen fechan o aer.

Ydych chi wedi gweld un o'r rhain o'r blaen? Lefel wirod ydyw. Mae'r swigen fechan hon o oer yn dweud wrth yr adeiladwyr a yw arwyneb rhywbeth yn berffaith wastad ai peidio, neu a yw wal yn union syth.
Mae adeiladwr da yn defnyddio lefel wirod bob amser.

Mae hanes yr eglwys yn dweud wrthym am yr holl bregethwyr, cenhadon a'r merthyron. Nhw yw'r pileri a'r cerrig y mae'r eglwys wedi'i hadeiladu arnynt. Mae llawer un arall, fodd bynnag, a safai yn y cefndir, wedi chwarae eu rhan hefyd. Mae pob aelod o eglwys Dduw yn bwysig yng ngolwg Duw.

Ar un adeg, anfonodd y disgyblion y plant bychain oddi wrthynt, ond dywedodd Iesu:

""Gadewch i'r plant ddod ataf fi a pheidiwch â'u rhwystro, oherwydd i rai fel hwy y mae teyrnas nefoedd yn perthyn."
(Mathew 19:14)

Nid oes neb yn ddi-nod yng ngolwg Duw.

MEWN CYSYLLTIAD

Cymorth Gweledol:

Amrywiol ddyfeisiadau rheolaeth bell,
e.e. teledu, fidio, chwaraewr cerddoriaeth, car.

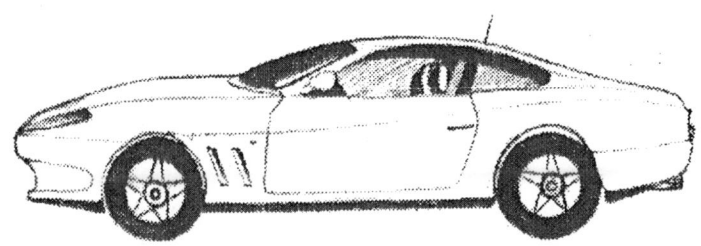

Mae'n siŵr fod pob un ohonoch yn gwybod beth yw hwn:

1. Mae'n troi'r teledu ymlaen ac yn ei ddiffodd. Mae'n newid sianeli, a'r sain ac ati.
2. Mae hwn yn gwneud pethau tebyg i'r Fidio.
3. Mae gen i hwn i reoli fy Chwaraewr Cerddoriaeth sy'n chwarae CDd, tapiau a radio.
4. Gyda hwn gallaf gloi a datgloi fy nghar.

Does yna ddim gwifrau. Y cyfan sydd angen ei wneud ydy anelu'r teclyn i'r cyfeiriad cywir i wneud cysylltiad. Mae pellter yn bwysig. Er enghraifft, ni allaf agor y car o fan hyn, neu droi'r teledu ymlaen adref.

Mae'r holl declynnau modern hyn yn glyfar - ond rydw i eisiau dweud wrthych fod gan Dduw ffordd y gallwn ei gyrraedd neu wneud cysylltiad ag Ef. Nid dull modern ydyw, ond mae mor hen â dyn ei hun.

Trwy WEDDI.

Nid oes angen i ni droi i gyfeiriad arbennig.
Nid ydy pellter yn bwysig chwaith – bydd Ef bob amser yn clywed.

Gwrandewch ar addewidion Duw yn y Beibl:

"Yna galwch arnaf, a dewch i weddïo arnaf, a gwrandawaf arnoch."
(Salm 91:15)

"Byddaf yn eu hateb cyn iddynt alw, ac yn eu gwrando wrth iddynt lefaru."
(Eseia 65:24)

"Pan fydd yn galw arnaf, fe'i hatebaf;…"
(Jeremeia 29:12)

Y GRYNO DDISG

Cymorth Gweledol:

Dwy neu Dair o Gryno Ddisgiau

Rwy'n siŵr fod pawb yn gwybod beth yw'r rhain. Welwch chi'r holl liwiau hyfryd sydd ar eu hwynebau? Ie, CRYNO DDISGIAU ydyn nhw.

Pan rof i'r Gryno Ddisg hon yn fy chwaraewr disgiau yn y car, rwy'n clywed cerddoriaeth wych. Mae pelydryn main cryf o olau, a elwir yn LASER, yn disgleirio ar arwyneb y ddisg ac fe gynhyrchir cerddoriaeth.

Mae'n anodd credu - dim nodwydd, dim rhigolau fel ag ar y record gramoffon, ond mae golau'n disgleirio ar y ddisg yn cael effaith arbennig.

Un peth pwysig i'w gofio yw bod rhaid i'r GDd fod yn lân - dim baw, dim olion bysedd, dim crafiadau ac mae'n rhaid i'r twll fod yn y canol wrth chwarae'r ddisg.

Mewn ffordd, mae Cristnogion fel y disgiau hyn. Gall Duw ein defnyddio pan fo'n calonnau ni'n lân. Rhaid i Iesu Grist fod yn ganolog yn ein bywydau. Yna, mae golau ysbryd Duw yn disgleirio arnom. Nid ydym yn cynhyrchu cerddoriaeth, ond rydym yn fywydau sy'n ddefnyddiol i Dduw. Daw rhai Cristnogion yn genhadon, tra bod eraill yn troi'n bregethwyr neu'n Weithwyr Ieuenctid. Beth bynnag fo'r gwaith, bydd er gogoniant Duw.

"Yr Arglwydd yw fy ngoleuni a'm gwaredigaeth, ..."
(Salm 27:1)

I'W CADW?

(Stori ar gyfer dechrau mis Ionawr)

Cymorth Gweledol:
Ychydig o gardiau Nadolig, papur lapio, tinsel, ac ati.

Mae'r holl baratoi a'r cynnwrf drosodd. Mae blwyddyn newydd wedi dechrau.

Tybed fedrwch chi ddweud wrtha i beth sydd mor arbennig am Ionawr y 6ed? Ie, dyma'r 12fed dydd ar ôl y Nadolig. Yn draddodiadol, mae'n gyfnod o bacio'r addurniadau, tynnu'r holl gardiau i lawr a thynnu'r goleuadau, y tinsel a'r addurniadau oddi ar y goeden cyn eu rhoi gadw am flwyddyn arall. Mae Ionawr y 6ed yn nodi diwedd dathliadau'r Nadolig.

Felly, caiff rhai pethau eu taflu i ffwrdd, tra bod eraill yn cael eu storio - heb fod neb yn eu gweld nac yn meddwl amdanynt am flwyddyn arall.

Does bosib nad oes mwy i'r Nadolig na hyn! Beth yw gwir ystyr y Nadolig?

Dyma pryd y byddwn yn cofio fod Mab Duw wedi'i eni i'r byd. Daeth fel baban a ganwyd ef ym Methlehem. Dyma oedd y digwyddiad pwysicaf yn hanes y byd.

Nid yw rhai pobl yn ei gredu ac maent yn ei 'daflu allan'. Mae eraill yn meddwl amdano am gyfnod byr ac yna'n anghofio nes y tro nesaf.

Mae Cristion yn gwybod gwir ystyr y Nadolig ac yn ei gadw yn ei galon bob dydd o'r flwyddyn.

"ond yr oedd Mair yn cadw'r holl bethau hyn yn ddiogel yn ei chalon ac yn myfyrio arnynt."
(Luc 2:19)

GUTO FFOWC

Cymorth Gweledol:

Bocs o dân gwyllt

Beth sydd mor arbennig am y 5ed o Dachwedd?
Faint ohonoch chi sy'n hoffi tân gwyllt? Mae gen i wahanol fathau yn y bocs yma - ffynnon aur, Olwyn Catrin, rocedi, sbarcleri ac ati.
Mae'n gyffrous cael coelcerth yn yr ardd a thanio gwahanol fathau o dân gwyllt.

Pam ydyn ni'n gwneud hynny? Beth ydyn ni'n ei gofio ar y 5ed o Dachwedd? Tua 400 mlynedd yn ôl (1605), ceisiodd dyn o'r enw Guto Ffowc chwythu'r Brenin James 1af a'i senedd i fyny. A lwyddodd ef? Na!

Felly rydyn ni'n cofio ac yn dathlu rhywbeth na ddigwyddodd!

Mae'r Eglwys Gristnogol yn cofio rhywbeth llawer pwysicach a ddigwyddodd mewn gwirionedd oddeutu 2000 o flynyddoedd yn ôl. Anfonodd Duw ei Fab, Iesu Grist, i'r byd i farw trosom.

Pe bai Guto Ffowc wedi llwyddo, byddai wedi newid cwrs hanes ym Mhrydain. Fe <u>wnaeth</u> Iesu Grist newid hanes ac mae'n parhau i newid bywydau pobl.

"Do, carodd Duw y byd gymaint nes iddo roi ei unig Fab, er mwyn i bob un sy'n credu ynddo ef beidio â mynd i ddistryw ond cael bywyd tragwyddol."
(Ioan 3:16)

PERTHYN

Cymorth Gweledol:

Amrywiol gardiau aelodaeth,
e.e. RAC, Yr Ymddiriedolaeth Genedlaethol, RSPB ac ati.

Rydyn ni gyd yn hoffi perthyn i rywun neu rywbeth – ein teuluoedd, tîm yr ysgol, ein ffrindiau.
Mae gen i ychydig o gardiau yma i'w dangos i chi – rwy'n perthyn iddyn nhw neu'n aelod ohonynt:

RAC - Ydych chi'n gwybod beth yw ystyr y llythrennau hyn? (Royal Automobile Club) Mae'n costio dros £100 y flwyddyn i fod yn aelod. Derbyniaf rif - sef fy rhif aelodaeth.
Budd: Os yw fy nghar yn torri i lawr, caf fy achub!

Yr Ymddiriedolaeth Genedlaethol – Er mwyn bod yn aelod mae'n rhaid i mi dalu £30.
Budd: Gallaf ymweld â gerddi mawr a phlastai bonheddig wrth ddangos y cerdyn. Rwy'n derbyn llyfr yn rhad ac am ddim unwaith y flwyddyn.

RSPB – (The Royal Society for the Protection of Birds) Mae'n costio dros £20 y flwyddyn ac rwy'n derbyn rhif aelodaeth.
Budd: Gallaf ymweld â safleoedd y RSPB ledled y wlad yn rhad ac am ddim.
Rwy'n derbyn cylchgrawn bob tri mis.

Mae gan yr holl gardiau hyn ddyddiad gorffen, e.e. mae fy aelodaeth yn dod i ben ar ôl blwyddyn.

Os ydych yn perthyn i neu'n aelod o wir eglwys Iesu Grist:

1. Nid oes cost. Mae Iesu Grist ei hun wedi talu ein cost aelodaeth.
2. Nid oes rhif aelodaeth. Adnabyddir pob aelod wrth ei enw.
3. Budd: Bywyd Tragwyddol.
4. Dim dyddiad gorffen: nid yw'ch aelodaeth yn dod i ben.

"Pwy bynnag sy'n credu yn y Mab, y mae bywyd tragwyddol ganddo;…"
(Ioan 3:36)

Fodd bynnag, mae yna bethau a all fynd o'i le. Mae yna bethau sy'n amharu arno.

1. Unrhyw set deledu a chyfrifiaduron o fewn 2 fetr.
2. Ni ddylai'r cloc fod yn rhy bell (1,200 cilomedr) oddi wrth y mast radio.
3. Tydi'r cloc ond yn gweithio yn y wlad hon.

Cymharwch y cloc yma gyda'r Cristion. Pan fo mewn cyswllt cyson â Duw mae'n cerdded yn iawn.

Ymyrraeth
Mae'n gwyro pan gaiff ei ddylanwadu gan bethau bydol.
Ni ddylai grwydro ymhell oddi wrth Dduw.

WEDI'I REOLI

Cymorth Gweledol:

Dau gloc. Un cloc wedi'i reoli gan radio.

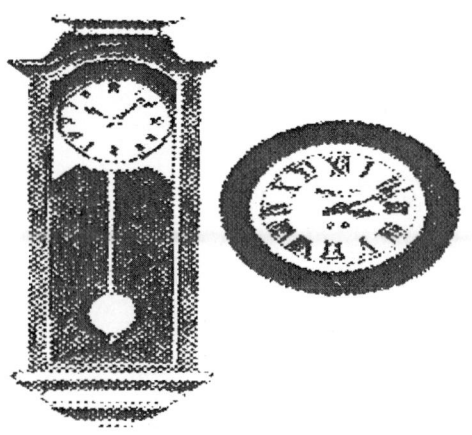

Dyma ddau gloc. Mae'r ddau'n dangos yr un amser.
Y ddau'n gweithio gyda batri.

Mae gan y cloc cyntaf olwyn fechan yn y cefn fel y gellir newid lleoliad y dwylo.

Mae'r ail gloc yn un arbennig. Ni ellir newid lleoliad y dwylo. Mae'n gloc a gaiff ei reoli gan radio. Mae'n gysylltiedig â mast sy'n anfon tonnau anweledig sy'n cadw'r cloc ar yr amser cywir - i'r eiliad. Beth sy'n digwydd yn y Gwanwyn pan aiff yr awr ymlaen? Mae'r dwylo'n mynd ymlaen awr!

Mae'n gloc perffaith!

Fodd bynnag, mae yna bethau a all fynd o'i le. Mae yna bethau sy'n amharu arno.

1. Unrhyw set deledu a chyfrifiaduron o fewn 2 fetr.
2. Ni ddylai'r cloc fod yn rhy bell (1,200 cilomedr) oddi wrth y mast radio.
3. Tydi'r cloc ond yn gweithio yn y wlad hon.

Cymharwch y cloc yma gyda'r Cristion. Pan fo mewn cyswllt cyson â Duw mae'n cerdded yn iawn.

Ymyrraeth
Mae'n gwyro pan gaiff ei ddylanwadu gan bethau bydol.
Ni ddylai grwydro ymhell oddi wrth Dduw.